KB177284

내 말 좀 들어줄래?

이 도서의 국립중앙도서관 출판예정도서목록(CIP)은
서지정보유통지원시스템 홈페이지(http://seoji.nl.go.kr)와
국가자료공동목록시스템(http://www.nl.go.kr/kolisnet)에서 이용하실 수 있습니다.
(CIP제어번호: CIP2016031673)

문학과 명화로 본 10대의 진짜 속마음

내 말 좀 들어줄래?

정수임 지음

서유재

차례

2장 • 더불어 사는 세상 아홉 개의 시선

1 장

흔들리는 마음

아홉 개의 목소리

1

사랑하고 있어요

나는 그녀가 나를 사랑하고 있다는 것을 느낀다!

그 점에서는 나 자신의 마음을 믿을 수 있다.

나를 사랑한다!

그녀가 나를 사랑하게 된 이래로 나는 나 자신에게 얼마나

소중한 존재가 되었으며

나 자신을 얼마나 숭배하는지 모른다.

『젊은 베르테르의 슬픔』, 요한 볼프강 폰 괴테, 1774

(창비, 2012, 62쪽)

연아 : 어제도 재환이를 못 봤어. 미치겠다!

민경 : 같은 학교도 아닌데 못 보는 게 당연하지. 너 좀 심한 거 아니야?

연아 : 나도 알아. 하지만 재환이를 못 보니까 아무것도 못 하겠단 말이야.

민경 : 정신 좀 차려! 걔가 잘생기고 성격 좋은 건 알겠지만 여자친구 있는 아이라는 거 잊지 말고.

연아 : 알거든. 예쁘고 똑똑하고 게다가 나의 오랜 친구인 민주 남친이라는 거!

민경 : 도대체 이해가 안 돼. 민주도 좀 그런 게 어떻게 너랑 재환이랑 셋이 만나는 걸 좋아하냐. 착한 건지, 멍청한 건지.

연아 : 민주는 내 친구니까. 재환이도 나도 힘들지만 우정을 지키려는 거고.

민경 : 힘들지만 우정을 지켜? 그게 말이 되냐?

연아 : 민주가 아직 몰라서 그래. 재환이도 오래전부터 나를 좋아하고 있거든. 눈빛만 봐도 알 수 있어.

민경 : 아이고, 오죽하겠냐. 그나저나 민주는 정말 괜찮을까? 너 이러는 거 전혀 몰라?

연아 : 사실 민주도 눈치를 좀 챈 거 같기는 해. 지난번에는 자기들 둘이서만 놀이공원에 다녀왔더라. 그래서 내가 민

주랑 재환이한테 완전 화냈잖아. 우리 우정은 뭐냐고 따졌지!

민경 : 솔직히 말해서 너 민주랑 재환이랑 둘이 있는 게 질투 나는 거지? 걔네 커플이야, 너 없이 가는 게 맞거든!

연아 : 너 자꾸 이럴래? 내 마음인데 내 마음대로도 못해?

민경 : 도대체 사랑이 뭐라고! 나는 잘 모르겠다. 다만 중간에 껴서 네가 상처받을까 봐 걱정돼.

연아 : 상처받아도 좋아. 그냥 보고 싶은 걸 어떻게 해?

● 나이도 국경도 없는 것이 사랑이라지만 연아의 사랑은 이루기는커녕 고백도 쉽지 않은 상황입니다. 더구나 재환이의 눈빛이 연아에 대한 사랑 고백이라고 볼 수 있는 합리적인 이유도 없지요. 지금 연아가 믿고 있는 것은 오직 자신의 느낌뿐입니다. 과연 이 느낌을 사랑이라고 부를 수 있을까요? 친구 민경이의 조언은 아예 들리지도 않는 것 같아요, 아무에게도 이해받지 못하는 것 같은 연아의 외롭고 괴로운 마음을 어떻게 설명할 수 있을까요? 안절부절못하는 연아의 마음 끝자락을 살며시 열고 들어가 봅시다.

말을 건넬 용기는 없어 마냥 쳐다만 보던 아이가 있었습니다. 어느 날 우연히 눈이 마주쳤고 멋쩍은 듯 그 아이가 웃었지요. 그 모습에 '아! 쟤도 날 알고 있구나', '쟤도 날 좋아하고 있었어'라고 확신했지요. 짝사랑이 아니어서 다행이라 생각했지만 그 아이의 웃음은 그때뿐이었습니다. 확신이 착각이었음을 인정하는 데 꽤 많은 시간이 걸렸고, 저는 그 시간 동안 짝사랑의 괴로움이 만만한 것이 아님을 배웠습니다. 혹시 여러분 중에도 비슷한 경험으로 가슴 아팠던 적 있나요? 남녀 학생이 함께 있는 학교와 학원을 오가는 길에서 사랑의 눈빛을 교환했다고 믿었지만 그 눈빛과 마음이 일방적이었던 경험 말이지요. 혼자 가슴앓이를 하거나 고백이 받아들여지지 않아 괴로운 시간을 보낸 적은 없나요? 어떤 경우든 사랑에 빠진 이들의 외롭고 괴로운 심정은 겉으로 드러나기 마련입니다. 멍한 표정으로 앉아 있거나 수업 시간에 엎드려 자거나 괜히 화를 내기도 하면서요.

소설 속 베르테르는 로테를 만나 첫눈에 반합니다. 로테를 만나기 전, 사람들이 이미 결혼을 약속한 이가 있다고 경고했지만 아무 소용이 없었지요. 베르테르는 매일 구실을 만들어 로테를 만나러 가면서도 반드시 내일은 찾아가지 않겠다는 다짐을 합니다. 약혼자가 있는 로테에게 자신의 마음을 고스란히 드러내는 일은 자신에게도, 로테에게도 적절하지 않다고 생각했기 때문이겠지요.

이룰 수 없는 사랑으로 베르테르의 슬픔이 커져 가고 있을 때, 여행을 떠났던 로테의 약혼자 알베르트가 돌아옵니다. 결국 베르테르는 로테를 떠나 새로운 생활을 시도합니다. 하지만 얼마 지나지 않아 그저 좋은 친구가 되려는 것뿐이라고 자신을 설득하며 다시 로테에게 돌아오지요.

알베르트의 아내가 된 로테! 더는 자신의 마음을 들키면 안 된다는 베르테르의 생각과 달리 어쩐 일인지 베르테르는 로테도 자신을 사랑하고 있다고 확신하게 됩니다. 로테도 베르테르를 사랑했는지 알 수 없지만 이제 베르테르는 자신의 슬픔뿐 아니라 로테의 슬픔까지도 헤아리며 괴로워합니다. 사랑을 말할 수 없어 슬플 로테를 생각하며 그는 다시 그녀를 떠날 결심을 하지요. 그것도 죽음으로 아주 영영.

사랑은 서로의 마음을 아끼고 감싸주는 마음을 기본으로 합니다. 하지만 짝사랑에는 '서로'라는 말을 사용할 수 없지요. 이 사랑은 상대와 마음을 나눌 수 없기 때문입니다. 베르테르의 슬픔도 자신의 마음을 로테와 나눌 수 없다는 것에서 시작되었겠지요. 하지만 이 슬픔은 결국 베르테르 자신에게로 향한 총알과 다르지 않았습니다. 사랑이 가져다준 불안, 불쾌, 좌절, 슬픔 등의 감정들이 뒤섞인 총알 말이에요. 사랑은 아름다운 감정이지만, 때때로 함께할 수 없을 때 폭력적인 감정으로 변하기도 합니다. 그런데 '베르테르는 정말 로테를 사랑했을까? 만일 그렇다면 자신의 슬픔까지도 품었어야 하는 것이 아니었을까?' 하는 생각이 들지는 않나요? 사랑을 정의하기는 힘들지만, 사랑이라는 이유로 어떤 행동이든 용인되는 것은 아닙니다. 상대와 마음을 나누지 못하는 상황에서 '사랑해서 그랬어' 혹은 '사랑해서 이러는 거야'는 사랑이 아니라 폭력이니까요. 오늘을 살아가는 우리가 베르테르의 슬픔과 사랑에서 보아야 할 것은 이해받지 못한 그의 슬픔뿐 아니라 폭력으로 변할 수도 있는 사랑의 또 다른 얼굴 아닐까요? 누군가를 때리거나 죽이는 것 이상으로 자신을 향해 총구를 겨눈 베르테르의 행동 또한 폭력이라고 할 수 있으니까요.

이제 재환이를 좋아하는 연아의 감정을 다시 돌아봅시다. 재환이를 볼 수 없으면 불안한 연아의 괴로운 마음은 친한 친구에게조차 이해받지 못합니다. 아마도 연아는 점점 더 외롭고 힘들어지겠지요. 누군가를 좋아하는 건 지극히 자연스러운 마음이니 연아가 자책할 필요는 없어요. 하지만 자신의 감정을 상대에게 강요해서는 안 되겠지요. 사랑은 절대로 강요한다고 생기는 것이 아니니까요. 무엇보다 사랑이 가져다준 외로움과 슬픔은 그 누구도 대신해 줄 수 없습니다. 자신의 사랑으로 생긴 외롭고 서글픈 마음까지도 오롯하게 감당해 나갈 것인지, 아니면 상대와 스스로를 힘겹게 할 것인지는 슬픔의 시간 동안 해야 할 고민의 내용이 되겠지요. 물론 여러분이 베르테르와 같은 무게의 슬픔을 느끼기는 어렵습니다. 아니 그래서는 안 됩니다. 여러분은 이제 막 사랑을 배워 나가기 시작하는 나이이니까요. 어떻게 사랑하고 또 어떻게 이별하는지를 경험하면서 자신의 소중한 마음을 나누어 주는 연습을 해야 할 때입니다. 이런 경험은 다른 누군가의 사랑을 받을 때 그 사랑의 소중함을 알게 해 줄 테니까요. 그렇지만 가끔은 휴대폰 속의 모든 노래가 이별 노래로 채워지고, 멍한 상태로 거리를 걷거나 그 무엇도 하고 싶은 마음이 들지 않을 만큼 슬픈 사랑을 경험하게 될 수도 있습니다. 그러나 이런 시간들은 생각보다 빨리 흐르고 새로운 사랑도 생각보다 빨리 찾아올 수 있다는, 뻔하지만 분명한 위로를 건네 봅니다.

사랑

: 정성을 다해 상대를 소중하게 여기고 아끼는 감정으로, 사람을 향해 베풀 수 있는 선한 마음. 하지만 이룰 수 없는 사랑은 때때로 병이 되기도 한다.

작자 미상, 〈서생과 처녀〉, 19세기, 국립중앙박물관

사랑은 절대 할 수 없다고 생각한 일을 하게 만들고, 좋아하던 일도 멈추게 합니다. 누군가 갑자기 안 하던 공부를 하거나, 살을 빼거나, 평소와는 다른 스타일로 변신하는 까닭도 '사랑'이 이유일 때가 많습니다. 반대로 이 사랑이 끝나거나 제대로 되지 않을 때 우리는 물먹은 솜처럼 무거운 기분이 되기도 하고, 어디로 튈지 모르는 공처럼 불안정한 하루하루를 보내기도 합니다. 사랑만큼 사람을 변하게 만드는 것도 드문 것 같지요?

사랑을 받는다는 것은 상대방의 마음을 얻는 일입니다. 베르테르가 괴로운 까닭은 로테의 마음을 얻지 못했기 때문이며, 〈서생과 처녀〉라는 그림 속 여인이 행여라도 삐걱거릴까 문을 지그시 누르고 있는 까닭도 아직 그의 마음을 얻지 못했기 때문일 겁니다. 그렇다면 우리는 왜 상대의 마음을 얻고 싶어 할까요? 혼자 하는 사랑으로는 상대를 온전히 느낄 수 없기 때문은 아닐까요? 사랑은 '마주' 보고, '함께' 마음을 나누어야 하는 일이니까요.

사랑 고백 뒤에 "너 없이는 못 살 것 같아. 너와 늘 함께하고 싶어" 같은 말을 들었다면 어떨까요? 반대로 사랑하는 이에게서 "네가 있든 없든, 네가 날 좋아하든 말든 나랑은 상관없거든"이라는 고백을 듣는다면 또 어떨까요? 그저 기분이 좋고 나쁨을 떠나 자신의 가치에 대해 한번 돌아보게 되겠지요. 이처럼 사랑을 받는다는 것은 곧 누군가로부터 인정받는다는 뜻이고, 또 누군가가 자신을 필요로 한다는 뜻입니다. 그런 의미로 베르테르는 자신의 가치를 로테에게서 인정받고 싶었을지도 모릅니다. 아니 어쩌면 그의 삶을 통틀어 로테만이 마지막 보루였을지도 모릅니다. 베르테르는 이미 귀족들의 파티에서 귀족과 하급 관리라는 신분의 벽을 느끼며 자신이 어떤 존재였는지 깨달았으니까요. 아무리 일을 잘해도 말단 관리는 궁정 파티에 초대될 수 없고, 초대되었다고 해도 마음대로 알은체하면 안 되는 존재 말이지요. 가만히 살펴보면 베르테르의 슬픔은 사랑받지 못하고 이해받지 못했다는 데에서 시작합니다.

그렇다면 연아처럼 짝사랑으로 아파하는 이가 있을 때 이런 조언을 해 주면 어떨까요? "당신은 이미 충분히 가치 있는 존재입니다" 하고 말이지요.

마지막으로 '사랑한다'는 말을 다른 사람에게 들으려 하기보다는 스스로에게 먼저 해 주길 바랍니다. 사랑은 타인으로부터 나에게 오는 것이 아니라, 나로부터 시작해서 타인을 향해 번져 나가는 것이니까요.

2

아이 취급은 이제 그만!

새는 힘겹게 투쟁하여 알에서 나온다.

알은 세계다.

태어나려는 자는 한 세계를 깨뜨려야 한다.

『데미안』, 헤르만 헤세, 1919

(문학동네, 2013, 110쪽)

태훈 : 너, 민형이 카스 봤냐? 여친 또 바뀌었더라. 도대체 몇 번째냐?

재혁 : 진짜? 짜식, 능력 있네.

태훈 : 야, 그런 걸 능력이라고 하면 어떻게 해? 상처받는 여자애 입장은 생각 안 하냐?

재혁 : 헐, 별걸 다 걱정하시네. 그러는 너는 여친이랑 얼마나 오래됐다고? 이번 여친이랑 키스는 해 봤나 몰라.

태훈 : 그건 네가 상관할 바 아니거든. 그리고 뭐 그러면 안 되는 거야?

재혁 : 누가 안 되는 거랬냐? 이 형님이 한 수 가르쳐 주려고 그랬지.

태훈 : 오! 어디 한번 들어나 보자.

재혁 : 공짜가 어딨냐? 담배 있으면 한 개비 줘 봐.

태훈 : 내가 다른 건 다 하는데 담배는 안 피운다. 왠지 죄짓는 기분이 들거든. 스무 살까지는 안 피울 거다.

재혁 : 그게 뭐야? 스무 살 넘으면 되고, 그 전에 하면 범죄야? 그럼 술도 마시지 말든가.

태훈 : 술은 뭐, 가끔이잖아! 내가 여기에다 담배까지 피우면 우리 엄마 넘어가실 거다.

재혁 : 헉! 우리 엄마는 넘어가신 지 오래거든.

태훈 : 그게 자랑이냐? 그런데 왜 어른들은 되고, 우리는 하면 안 된다는 게 이렇게 많아?

재혁 : 다 우리를 위해서라잖니. 뭐 이해는 잘 안 되지만.

● 어른들은 하면서 여러분에게는 하지 말라고 하는 일들에는 어떤 것이 있을까요? 술이나 담배, 스마트폰, 성관계 등등 하지 말라는 일들이 참 많지요. 건강에 해롭다, 학업에 방해가 된다는 등의 이유를 들어 설득하려 하지만 술에 취해 밤새 흥청거리거나 거리에서 담배를 피우는 어른들을 보면 어쩐지 오기가 생기지 않나요? '뭐야. 왜 우리한테만 하지 말래' 이러면서 말이죠. 게다가 그저 자연스러운 호기심을 뭔가 잘못된 행동이라 여기는 어른들을 마주하면 마음이 답답해지기 시작합니다. 마음과는 다른 말과 행동만 골라 하는 자신을 발견하는 순간 '될 대로 되라. 어떻게든 되겠지' 하는 마음마저 들고 맙니다. 그러면서 태훈이와 재혁이처럼 궁금합니다. 왜 그러면 안 되는 거죠?

여중생 다섯 명이 앉기에도 빠듯한 작은 방에서 일어난 일입니다. 그 다섯 중에는 모범생으로 불리던 저도 있었지요. 드디어 한 아이가 술을 꺼내 잔에 따랐고 한 아이는 담배에 불을 붙였습니다. 술잔이 돌기 시작했어요. 건네받은 잔에 담긴 술을 마시자 알싸함이 밀려왔고, 곧 묘한 쾌감마저 느껴집니다. 드디어 내내 동경하던 세계에 입성한 기분이랄까요. 어쩌다 그 자리에 앉게 되었는지 모르겠지만 괜한 자존심에 술기운과 분위기까지 더해지면서 약간 허세를 부렸던 것 같습니다. 나도 처음 마시는 술은 아니다, 뭐 이런 식이었지요. 따지고 보면, 어른들의 술상에서 보리차인 줄 알고 맥주를 한 모금 마신 경험이 있긴 했거든요. 하지만 정신을 차리고 집에 와서는 엄마를 피하기에 바빴습니다. 일탈이라 할 만한 사건이었지요. 이러한 일을 반복하지는 않았습니다. 특별히 착해서라거나 엄마에게 미안한 마음이 들어서라기보다는 그녀들의 세계와는 사뭇 달랐던 저의 세계가 훨씬 편안했기 때문입니다. 그러나 그날의 쾌감과 죄책감은 그 방의 뿌연 연기와 함께 오래 남아 있었습니다. 함께하기 힘들 것 같은 이 두 개의 감정은 어디에서 시작된 것일까요?

『데미안』은 '네가 잘못한 게 아니야'라며 중학교 1학년 소녀가 느꼈던 양심의 가책과 두려움을 다독여 줍니다. 재혁이와 태훈이도 마찬가지지요. 이성에 대한 관심, 흡연, 음주 등의 행동은 어린아이에서 어른의 세계로 들어서며 생기는 호기심일 테니까요. 이 호기심을 어떻게 해결하느냐는 매우 중요한 문제이지만 호기심 자체가 이상하거나 나쁜 건 아닙니다. '다른 세계'를 향한 호기심이 생겼다는 건 성장하고 있다는 증거이니 말이지요. 하지만 어른들, 특히 부모들은 내 아이만큼은 오래도록 아이의 세계에 머물면서 세상 물정과 상관없는 삶을 살기를 바랍니다. '넌 아직 몰라도 된다, 그런 친구랑은 놀지 마라, 아직 머리에 피도 안 마른 것들이'라는 말들로 호기심을 누르고 외면하지요.

열 살 무렵의 싱클레어도 호기심이 생겼습니다. 세계를 둘로 나눈 그는 자신이 속한 밝은 세계가 아닌 어두움의 세계가 궁금해집니다. 하필이면 이럴 때 싱클레어는 크로머를 만나고 부모님을 계속 속여야 하는 어려움에 빠지고 맙니다. 하지만 정말 '하필이면 이럴 때'일까요? 아닙니다. 싱클레어가 크로머를 만나 전과 다르게 그와 어울린 까닭은 드디어 자신을 둘러싼 '다른 세계'가 있음을 인식하게 되었기 때문입니다. 하지만 두려움에 한 거짓말이 양심의 가책을 견뎌야 하는 것임을 싱클레어는 미처 알지 못했지요. 그런데 싱클레어는 왜 크로머에게 자신이 하지도 않은 일들을 했다고 거짓말했을까요?

저의 경험으로 미루어 보면 싱클레어 또한 밝음의 세계와 어두움의 세계 양쪽에서 모두 인정받고 싶었던 것은 아니었을까 싶습니다. 서로 다른 세계의 서로 다른 기준을 모두 만족시켰다는 자부심은 친구 사이에서 으쓱할 만한 일이니까요. 그러나 현실은 생각과 다릅니다. 싱클레어가 김나지움에 입학한 뒤 금지된 술을 마시러 주점을 싸돌아다닐 때도 마찬가지였지요. 알폰스 베크와 어울려 술을 마시고 여자를 탐하는 말들을 거리낌 없이 떠벌리는 싱클레어는 전혀 멋있어 보이지 않습니다. '흥, 나는 상관없다고. 될 대로 되라고 해!'라고 호기롭게 말한다고 해서 마음의 불편함이 사라지는 것은 아닙니다. 부모님이나 선생님에게 짜증을 내고 친구들에게 욕을 퍼붓고 몰래 술을 마시고 담배를 피우는 여러분의 마음 한구석이 편치 않은 것처럼 말이지요. 게다가 이성에 대한 관심은 또 어쩌고요. 그런데 이 불편한 마음은 누구와 나누기도 쉽지 않습니다. 남의 비난이 두렵고 스스로도 잘못된 것이라 단정 지어 버렸기 때문입니다. 하지만 싱클레어의 이야기를 듣다 보면 이 외롭고 고독한 시간이 얼마나 소중한지를 알게 됩니다. 왜냐하면 이런 고민을 통해서만이 데미안이 싱클레어에게 보낸 '새는 힘겹게 투쟁하여 알에서 나온다. 알은 세계다. 태어나려는 자는 한 세계를 깨뜨려야 한다'의 의미를 이해할 수 있기 때문입니다.

싱클레어뿐 아니라 우리 모두는 한 마리의 새가 알을 깨고 나오듯 힘겹게 세상과 마주합니다. 껍질 안의 하얗고 둥근 벽이 세상의 전부인 줄 알던 새는 어른들의 보호 속에 있었던 여러분의 어린 시절과 같습니다. 그러나 곧 껍질에 작은 균열이 생기고 구멍이 뚫리는 시간이 옵니다. 날기 위해 조금씩 세상 밖으로 나오는 투쟁이 시작되는 것이지요. 어떤 친구들은 이 시간을 견디기 위해 어른을 흉내 내며 음주, 흡연, 책임지기 힘든 성관계 등을 하기도 합니다. 하지만 잘 생각해 보세요. 이러한 행동은 십 대뿐 아니라 어른들이 해도 비난받는 일입니다. 그렇다면 어떤 투쟁이 있어야 알을 깨고 나올 수 있을까요? 아마도 그것은 차마 입 밖으로 낼 수 없던 마음의 변화에서 먼저 시작되지 않을까요? 전에는 마냥 좋기만 했던 선생님, 부모님, 친구들과 조금씩 생각이 다른 자신을 발견하고 다투기 시작하는 순간들 말이지요. 부모님이나 선생님에게 실망하고 '나와 뭐 별로 다르지 않네' 혹은 '훌륭한 줄 알았는데 별거 없네'와 같은 마음이 생길 때, 이제 내 인생에 그만 참견했으면 하는 마음이 들 때가 바로 알에 균열이 생기는, 홀로 견뎌야 하는 외로운 순간이 아닐까요? 하지만 너무 두려워하지 마세요. 이런 생각은 여러분이 드디어 엄마, 아빠의 손을 놓고 독립적인 한 명의 인간, 한 개인이 되어 가는 순간이라는 뜻이기도 하니 말이지요.

싱클레어 또한 우리와 비슷한 시간을 보내며 자책하고 근심하며 어른이 됩니다. 그의 성숙에 데미안과 피스토리우스가 도움을 준 것은 맞지만 자신이 누구인지를 고민한 것은 싱클레어 자신입니다. 싱클레어처럼 타인의 시선과 인정, 사회적인 옳고 그름을 떠나 자기 안의 욕망과 마주하는 과정을 바로 '성숙'이라 할 수 있을 테지요. 다시 태훈이와 재혁이의 이야기를 돌아볼까요? 이들에게 금지된 것들은 단지 어른들이 하는 행동만이 아닙니다. 어른들이 보여 주는 비합리적인 세계에 대한 비웃음, 더 적나라하게 말하자면 '자기들이나 잘하라고 그래'라며 비난하고 싶은 욕망이 있습니다. 하지만 이 욕망을 조금만 다르게 생각하면 지금까지 당연하다고 생각했던 세계에 대한 비판과 의심이라고 말할 수 있지 않을까요? 이미 옳다고 단정된 세계를 의심하고 비판하고 싶은 마음, 그것이 금지된 것이라면 망설이지 말고 욕망하기 바랍니다. 어쩌면 괴롭고 무섭고 어려운 과정일 수도 있겠지만 이 과정이 바로 소설에서 말하는 자신에게 이르는 길이 되지 않을까요?

회피

: 책임지거나 해결해야 하는 문제들을 피하고 싶은 감정. 잔머리를 굴리거나 피하면 잠시 위기는 벗어날 수 있지만 문제를 해결하는 데 도움이 되지는 않는다.

월터 랭글리, 〈저녁이 가면 아침이 오지만, 가슴은 무너지는구나〉, 1894, 런던 버밍엄미술관

데미안의 도움으로 크로머의 협박에서 벗어난 싱클레어는 오랫동안 이 일에 대해 언급하지 않습니다. 도대체 데미안이 크로머에게 어떻게 했을까 무척 궁금했지만 싱클레어는 끝내 아무것도 묻지 않죠. 마치 모르는 척, 기억이 나지 않는 척하는 이런 마음을 '회피'라고 합니다. 이는 자신을 보호하려는 의식적인 행동이지만 문제를 해결하는 데는 도움을 주지 못하지요.

우리 역시도 이미 벌어진 일을 책임지려고 하지 않거나 앞으로 일어날 일에 대해 모른 척할 때가 있습니다. 오늘부터는 열심히 공부하기로 한 자신과의 약속을 모른 척하며 피시방으로 간다든지, 부모님과 심하게 다툰 뒤 아무 일도 없었다는 듯이 행동하며 그 일에 대해 다시 이야기하지 않으려 하기도 하지요. 친구나 부모님, 선생님 등 다양한 사람들과 맺는 관계에서의 갈등, 진로나 진학을 고민해야 하는 내일에 대한 불안도 회피의 대상들입니다. 문제를 해결하기 위한 질문들인 "왜?" 앞에서 "몰라요", "그냥요", "괜찮아요"와 같은 대답을 하며 당장 그 상황을 벗어나려고만 합니다. 그런데 정말 할 말이 없어서 그런 걸까요? '이런 말을 하면 혼나지 않을까? 말해도 이해하지 못할 거야. 잔소리만 늘어놓을 거야'와 같은 단정이 먼저 있기 때문이지 않을까요? 하지만 이런 여러분이 잘못된 것은 아닙니다. 때때로 설명하기 힘든 문제들은 있기 마련이니까요.

그러나 『데미안』은 다시 묻습니다. 피하지 않고 부딪히면 어떻게 될까 하고 말이지요. 열 살 무렵의 싱클레어는 도망가기에 바빴습니다. 엄마의 눈을 피해 거짓말을 했고, 크로머의 협박에는 안절부절못하며 이리저리 피하기만 했지요. 열다섯 살의 싱클레어도 여전히 방황합니다. '될 대로 되라지' 하며 함부로 행동한 것처럼 보이지만 사실은 '이래도 괜찮은 걸까?' 하는 마음속 두려움이 겉으로 나타난 것입니다. 그러나 열여덟 살의 싱클레어는 더 이상 도망가지 않습니다. 자신의 마음을 인정하기 시작했으니까요. 도망가는 대신 궁금한 것을 묻고 해결하기 시작합니다. 마음 가장 깊은 곳에 데미안을 묻어 둔 뒤 스스로 선택하는 삶을 살기 시작합니다.

이제 여러분 차례입니다. 어린 싱클레어처럼 모른 척하며 도망갈지, 문제를 꺼내 놓고 고민하며 해결할 방법을 찾을지 스스로에게 물어야 합니다. 누구에게나 문제는 있기 마련이지요. 하지만 그 문제를 모른 척하는 일은 그리 도움이 되지 않아요. 모른 척할수록 해결할 수 있는 시간만 짧아질 뿐입니다. 우리들이 각자 다르게 가지고 있는 문제들의 대부분은 부딪히기에 불편하고 두렵고 짜증나는 일들일 가능성이 많습니다. 어쩌면 무섭고 속상하고 슬픈 일일 수도 있습니다. 하지만 '난 정말 괜찮아. 난 정말 괜찮다니까'라며 외면하지는 않았으면 합니다. 회피는 상처를 치유하는 것이 아니라 방치하여 더 곪게 만들 뿐이니까요.

월터 랭글리의 그림 〈저녁이 가면 아침이 오지만, 가슴은 무너지는구나〉를 소개합니다. 이 여인은 어떤 아픔을 가지고 있었을까요? 사연을 알 길은 없지만 그녀는 저녁이 가고 난 뒤 찾아온 아침을 다시 살아갈 수 있을 듯합니다. 마음의 어려움을 드러냈고 충분히 울었고 위로해 주는 따스한 한 사람도 곁에 있으니 말이지요. 지금 여러분이 가진 대부분의 문제들은 아마도 쉽게 해결될 수 없을 것입니다. 하지만 마음을 인정하고 다독여 주는 것만으로도 충분하지 않을까요? 바로 그것이 열 살, 열다섯 살, 열여덟 살로 성장한 싱클레어의 시작이었으니까요.

3

무섭고 두려워요

어른들이란 좀처럼 나 같은 아이의 말을 믿지 않거든.

『호밀밭의 파수꾼』, 제롬 데이비드 샐린저, 1951

(민음사, 2001, 55쪽)

승현 : 선생님한테만 말하는 건데요, 저는 꿈이 있어요.

선생님 : 그래? 어떤 꿈인데?

승현 : 엄청 어렵게 꺼내는 말이니까, 뭐라고 하지는 말아 주세요. 저는요, 나중에 엄청나게 돈을 많이 벌어서 섬을 하나 사고 싶어요.

선생님 : 섬? 왜? 거기에 호텔이라도 지으려고?

승현 : 에고, 아니에요. 선생님은 좀 다를 줄 알았는데 어른들 반응은 다 비슷하네요.

선생님 : 그럼 뭐할 건데?

승현 : 그 섬에 학교도 짓고, 병원도 지어서 버림받거나 상처 입은 아이들을 데려와 기르고 싶어요.

선생님 : 너 혼자서?

승현 : 같이하는 사람들이 있을 수도 있고, 없을 수도 있겠죠. 물론 저도 힘들 거라는 건 알지만 그러고 싶어요.

선생님 : 그러면 아이들은 섬에 계속 갇혀 있는 거 아니니?

승현 : 그렇게 생각할 수도 있겠네요. 하지만 어른이 되면 육지로 보내면 되죠. 그리고 다른 아이들을 데려오고요. 멋지고 훌륭한 생각 아니에요?

선생님 : 만약에 그 아이들이 네가 싫다며 섬을 떠나고 싶다고 한다면?

승현 : 왜 그러겠어요? 나는 간섭도 안 하고 하고 싶은 대로 하게 할 거예요.

선생님 : 그건 그렇고, 돈은 어떻게 마련할 거니?

승현 : 일단 꿈이라고요. 이래서 어른들이랑은 이야기가 안 돼!

선생님 : 승현아, 그게 아니라…….

● '공무원, 회사원, CEO'는 학생들이 생활기록부용으로 가장 많이 적어 내는 직업들이지요. 도대체 뭘 하고 싶은 건지는 드러나지 않는 이 미래의 직업들을 보면서 숨기고 싶은 마음의 한 자락을 엿봅니다. "네 성적으로 가능하겠냐?", "그게 뭐냐?" 같은 어른들의 비난과 이해받지 못할 것을 염려하는 두려움을 말입니다. 그래서 남들에게 말하는 꿈과 가슴속 깊은 곳에 담아 둔 꿈은 다르지 않을까 하고 넘겨짚어 보기도 합니다. 그런 까닭에 먼 훗날을 이야기하는 승현이는 다른 아이들과는 다릅니다. 용기 내어 선생님에게 자신의 꿈을 이야기한 승현이는 선생님의 반응에 실망하고 말지요. 승현이는 이제 "선생님이 날 비난했어. 역시 어른들이란 다 똑같아"라고 생각하지요. 만약 여러분이 승현이의 친구라면 승현이에게 어떤 말을 할 수

있을까요?

"어른들은 원래 다 그래. 그래도 나는 네가 그런 꿈을 가지고 있다는 게 대단한 것 같아" 아니면 "나도 선생님이랑 비슷한 생각이야. 제발 꿈 좀 깨"라고 말할까요? 과연 어떻게 하는 것이 승현이를 위한 길일까요?

어릴 때 우리는 누구나 영웅이었습니다. 만화에 나오는 인물들을 따라 하며 보이지 않는 적들을 물리치기도 했지요. 때로는 머나먼 별에서 온 신비한 힘을 가진 공주님이 되기도 했고요. 하지만 나이가 들면서 더 이상 자신이 영웅이 아니라는 사실을 깨닫기 시작합니다. 망토를 두르기만 해도 힘이 나던 그때와 달리 세상과 마주하는 것이 두려워지기 시작합니다. 어릴 때는 모든 일에 자신만만했고 세상이 모두 내 것 같았지만 이제 더는 그렇게 생각하지 않습니다. 세상은 정의가 승리하는 만화와 다르고, 가질 수 있는 것보다는 가질 수 없는 것이 훨씬 더 많다는 사실을 깨닫기 때문입니다. 이제 무엇이든 할 수 있다는 자신감은 남들보다 무엇이든 잘해야겠다는 경쟁심과 이기심으로 바뀝니다. 하지만 종종 사라지고 만 어린 시절의 그 세계를 그리워하는 어른들이 있습니다. 이 시절을 그리워하며 장난감이나 만화 등을 소비하는 어른들이 바로 키덜트입니다. 하지만 그들은 이제 어디까지나 소비의 주체일 뿐입니다.

『호밀밭의 파수꾼』 속 홀든 콜필드도 이런 고민을 합니다. 열여섯 살, 학교에서 네 번이나 쫓겨났고 이성에 대한 호기심은 주체할 수 없으며 어른들의 말은 귓등으로도 듣고 싶어 하지 않는 홀든이 이 이야기의 주인공입니다. 그는 어른들의 세계가 권위적이고 위선적이라 생각합니다. 변호사인 아버지를 보아도, 비싼 등록금을 내며 다니는 학교 선생님을 보아도 그들은 자신의 것을 지키는 방법만 이야기할 뿐입니다. 홀든에게 학교란 어른들의 생각을 배우는 곳일 뿐이지요. 낙제를 한 홀든은 크리스마스이브를 앞두고 다시 한 번 퇴학을 당하게 됩니다. 아무런 대책도 없이 하얀 눈길 위로 트렁크를 끌고 나선 홀든은 집으로 가는 대신 자신이 알지 못한다고 생각했던 어른들의 세계로 발길을 돌립니다. 혹시 그곳은 다르지 않을까 기대했을지도 모르겠지요. 하지만 그가 뉴욕의 뒷골목에서 만난 어른들도 크게 다르지 않습니다. 그들 역시도 위선적이고 이기적이며, 타인의 약점을 이용하는 이들뿐입니다. 홀든은 어른들의 세상 그 어디에도 마음 둘 데가 없습니다. '행운을 비네!'와 같이 책임질 수도 없는 말들을 내뱉고, 해결할 의지도 없으면서 문제의 원인을 궁금해하고, 다른 사람의 약점을 이용하여 돈벌이를 하려는 위선적인 어른들. 하지만 입장을 바꿔 이 어른들의 눈에 비친 홀든

역시 이해하기 힘듭니다. 어찌 보면 홀든의 행동은 돈 걱정 없는 부잣집 아들의 배부른 투정으로 보이기도 합니다. 그러나 홀든에게는 뚜렷하게 지향하는 세상이 있습니다. 사랑스러운 동생 앨리와의 추억, 제인 갤러허와 보냈던 시간과 같이 순수했던 그 시절이 바로 홀든이 그리워하고 지향하는 시간이지요. 현실과 타협하지 않고, 더 많은 것을 가지기 위해 남을 속이거나 비방하지 않아도 되는 그때의 순수함을 홀든은 잃고 싶지 않았죠. 하지만 안타깝게도 이런 세계는 현실 어디에도 존재하지 않았지요. 그리하여 그는 이제 스스로가 호밀밭의 파수꾼이 되겠다는 결심을 합니다. 한없이 넓은 벌판에서 아이들이 뛰어놀고 자신은 호밀밭 끝의 벼랑을 지키는 파수꾼이 되겠다고 말입니다.

하지만 홀든을 파수꾼으로 믿기에는 어쩐지 불안한 구석이 많습니다. 충동적으로 말하고 행동하는데다가 웃었다가 울었다가 화냈다가를 반복하기도 합니다. 힘들게 자연사박물관 앞까지 왔다가도 백만 달러를 주어도 가기 싫다는 둥, 갑자기 무임승차를 하여 서부로 떠나겠다는 둥 믿음직스러운 구석은 눈곱만큼도 찾기 어려운 그의 행동은 마치 아이와 같습니다. 하지만 가만히 생각해 보면, 아직 어른도 아니고 그렇다고 아이도 아닌 여러분의 마음도 홀든과 비슷하지 않나요? 작은 일에 웃음이 나기도 하고, 별 이유 없이 눈물이 흐르기도 하고, 특별한 일 없이도 누군가가 싫어지기도 좋아지기도 하는 때, 그때가 바로 십 대이니까요. 홀든이 고백했듯 정말 자신도 어떻게 생각했는지 모르는 시절이 바로 십 대지요. 동시에 이런 시간들을 건너며 '나는 누구일까, 나는 어떤 삶을 살아야 할까?'를 고민하는 시기이기도 합니다. 홀든이 거친 말과 행동을 거듭하는 이유도 자기 삶에 대한 고민이 있기 때문이겠지요. 아무런 고민 없이 어른들이 권하는 삶을 살아갔다면 홀든이 학교에서 쫓겨나는 일도, 부모님과 갈등할 일도 없었겠지요. 많은 사람들은 홀든을 보며 기성세대에 대한 반발, 순수한 삶에 대한 동경을 떠올립니다. 하지만 그가 바라는 순수의 세계는 어디에 있을까요? 그의 반발은 어떤 결과를 가져다주었을까요?

이 작품은 캘리포니아(미국의 서부)의 정신병원에 있는 홀든이 시나리오 작가인 D.B 형에게 하는 고백의 형식을 띠고 있습니다. 서부로 떠나려던 그의 계획은 실행되었고 그 이후에 정신병원으로 왔을 거라 짐작하게 되는 부분이자, 홀든이 그곳에서도 자신이 원하는 삶을 찾지 못했음을 알 수 있는 부분이기도 합니다. 다른 어른들에 의해 홀든의 삶이 부정되었든 스스로 자신의 현실을 부정했든 홀든은 결국 현실 속에서 자신의 이상을 실현시키지 못했습니다. 홀든이 자연사 박물관의 칼로 새겨진 욕설을 아무리 지우려 해도 지울 수 없었던 것처럼 현실은 좀처럼 쉽게 변화하거나 가질 수 없습니다.

『호밀밭의 파수꾼』을 읽는 많은 독자들은 가능하지 않은 일에 도전하는 홀든에게 매력을 느낌과 동시에 그의 슬픔과 외로움을 염려하게 됩니다. 사실 십 대를 지나며 느끼는 혼돈과 슬픔, 외로움은 어쩌면 홀든만의 감정은 아니니까요. 아마도 이런 감정들은 아무도 자신을 이해하지 못한다는 생각에서부터 시작되지 않을까요? 서부의 숲으로 떠나자는 홀든의 제안을 어른스럽게 거절하는 샐리에게 홀든이 느낀 답답함도 이와 다르지 않았죠. 자신의 꿈, 바람, 희망을 몰라주는 것 같았을 테니까요. 하지만 홀든도 자신의 생각을 조리있게 전달하지는 못합니다. 누구나 자신조차 이해하기 어려운 시절을 보내는 것처럼 홀든도 혼돈과 방황의 시간을 보냅니다.

때때로 우리가 다른 사람이 되었으면 하고 바라는 것처럼 홀든은 루돌프, 짐스틸이라는 이름을 만들어 다른 사람인 척 연기도 합니다. 다른 사람이 된다는 것은 지금 내가 가지고 있는 문제들과 상관없는 존재가 되는 것을 의미하지요. 가지고 있는 문제가 많을수록, 현실을 벗어나고 싶을수록 우리는 타인의 삶을 동경하기 마련입니다. 하지만 홀든이 총에 맞는 장면을 죽도록 멋지게 연기할 수는 있지만 실제로 죽을 수는 없는 것처럼, 우리는 다른 사람을 흉내 낼 수는 있지만 오롯이 그 삶을 살 수는 없습니다. 그런 까닭에 우리는 좌절하고 방황하고 실망하기를 반복하지요. 숱한 배역들을 정신없이 오가며 어떤 때는 자신에게 맞는 배역을 찾기도 하고 때로는 어색하기 이를 데 없는 배역을 맡기도 하는 이런 시행착오야말로 성장의 비결 아닐까요?

이제 승현이와 선생님의 대화로 되돌아가 봅시다. 섬 하나를 아이들을 위한 유토피아로 만들고 싶다는 승현이의 꿈을 이해할 수 있나요? 그곳은 아이들에게 유토피아와 다름없는 공간이 되겠지요. 만약 한 아이가 '나는 이 섬이 싫어요. 섬을 떠나 더 많은 사람들이 있는 육지로 가고 싶어요'라고 하면 어쩌지요? 승현이가 생각하기에 세상은 너무 위험하고 이기적이며 더럽기만 한데 말이지요. 만약 그 아이들을 향해 "안 돼! 다 너를 위한 거야"라고 말한다면 홀든이 위선적이라고만 했던 어른들과는 과연 어떤 차이가 있을까요? 『호밀밭의 파수꾼』을 덮으며 우리에게 필요한 건 파수꾼이 아니라 마음껏 뛸 수 있는 호밀밭과 호밀밭 너머를 오갈 수 있는 용기와 자유는 아닐까요? 물론 그러기 위해서는 호밀밭 세상과 호밀밭 너머의 세상이 있음을 아는 것이 먼저겠지만요. 순수는 가두고 도망가면서 지키는 것이 아니라 더러운 것들 속에서도 지킬 수 있는 것이어야 하니까요.

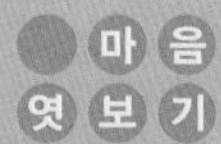

고립감

: 누군가를 만나 힘든 마음을 털어놓고 싶어 휴대폰을 켰지만 전화할 곳이 없을 때의 마음. 세상에 나 혼자인 느낌, 외톨이가 된 것 같은 기분을 말한다.

김덕기, 〈행복한 나라〉, 2008, 개인 소장

정신분석학자 피터 블로스는 "사춘기에 이루어지는 개별화에는 고립감, 외로움, 혼돈이 따른다"고 했습니다. 이제 더는 아이처럼 행동할 수 없는 십 대들은 자신의 행동에 책임이 따른다는 사실을 알게 되고, 개별적인 존재에는 분명한 한계가 있다는 점도 알게 되면서 공포와 두려움을 느낀다는 것이지요. 그의 말에 따르면, 홀든이 느끼는 고립감과 외로움도 지극히 자연스러운 성장 과정이라고 할 수 있습니다. 물론 비평가들의 말처럼 홀든의 행동을 순수에 대한 옹호나, 기성세대의 질서에 대한 거부라고 볼 수도 있겠지만요. 하지만 그가 펜싱 장비를 모두 지하철에 두고 내렸음에도 책임을 회피하려는 장면, 퇴학의 원인을 매번 다른 사람에게서 찾으려는 장면, 부모님에 대해 평가를 내리는 장면, 자신을 이해하지 못하는 샐리를 향해 답답하다고 말하는 장면 등에서 홀든이 문제를 해결하려고 하기보다는 회피하려 한다는 인상을 받습니다. 게다가 홀든이 문제의 원인을 어른들의 위선에서 찾으려 할수록 그는 점점 외로워집니다. '세상에 나를 이해하는 사람은 아무도 없어. 나는 혼자야!'와 같은 심정이 되지요. 하지만 홀든만이 이런 외로움을 느끼는 것은 아니지요. 여러분 주위의 대부분의 어른들도 느꼈고, 여러분 중 누군가도 홀든처럼 느끼고 있을 테니까요. 그러니 지금 느끼는 불안과 외로움은 특별히 이상할 것도 나쁠 것도 없습니다. 어처구니없었다고 회상하는 홀든의 말을 곧이곧대로 믿을 수는 없겠지만 어른들이 곧잘 하는 말, "그때는 나도 왜 그랬는지 몰라"와 같은 말을 여러분도 곧 하게 될 수 있으니까요.

홀든과 승현이가 꿈꾸는 세상은 김덕기의 그림 〈행복한 나라〉와 같은 모습일지도 모릅니다. 밝고 선명하며 따뜻하고 행복한 세상 말입니다. 홀든이나 승현이뿐 아니라 우리가 꿈꾸는 대부분의 세상은 현실에 존재하지 않습니다. 그렇다면 우리는 어떻게 해야 할까요? 믿고 싶은 것만 믿고 자신의 외로움을 회피하면 될까요? 아닙니다. 더는 나의 외로움이 이상한 것이 아니라는 것을 알았다면 '이렇게 된 건 모두 부모님 때문이야!' 혹은 '세상이 이 모양인데 나보고 어쩌라고!'라는 그럴듯한 이유를 찾는 대신 꿈꾸던 세상을 만들기 위한 노력을 해야 하지 않을까요? 어른이 된다는 것은 그림 속 아이들처럼 비눗방울만으로는 행복할 수 없다는 것을 알아 가는 과정인 동시에 꿈을 이룰 구체적인 방법을 찾는 과정이기도 하니까요.

4

다른 사람이 되고 싶어요

"아무튼 당신은 아무 얘기도 하지 않은 것으로 합시다.
그리고 나 역시 아무것도 요구하지 않습니다." 그는 말했다.
"그러나 당신 역시 나에게 필요한 것은
우정이 아니라는 것을 알고 계십니다.
나에게는 이 세상에 오직 하나의 행복이 있을 뿐입니다.
그것은 당신이 그렇게도 싫어하는 한마디……
그렇습니다, 사랑……입니다."

『안나 카레니나 1』, 레프 니콜라예비치 톨스토이, 1877
(문학동네, 2009, 281쪽)

희수 : 나 고민 있어.

선우 : 고민? 무슨 고민?

희수 : 학교를 계속 다녀야 하나, 말아야 하나.

선우 : 갑자기 왜? 너 무슨 일 있어?

희수 : 아니, 지금 학교에서 배우는 게 나한테는 전혀 도움이 안 되는 거 같아서.

선우 : 학교 그만두면 뭐하려고?

희수 : 일단 여러 나라를 여행해 보고 싶어. 영화감독이 되려면 그 정도는 해 줘야 하지 않겠어? 평범해서는 유명해질 수 없을 거 같아.

선우 : 응……. 그렇게 하면 좋겠지. 그런데 왜 다른 나라를 여행해야 해?

희수 : 우리나라는 너무 좁잖아.

선우 : 너, 돈은 있어?

희수 : 그동안 알바해서 모은 것도 있고. 나머지는 부모님이 보태 준다고 했어.

선우 : 헐~! 대박! 완전 행복한 고민이네. 그러면 뭘 망설여?

희수 : 그게 부모님이 학교는 졸업해야 한다고 하고, 영화감독들도 다 대학은 나왔더라고.

선우 : 그럼 학교 다녀야겠네.

희수 : 그런데 완전 짜증 난단 말이지. 나한테 아무 소용없는 걸 매일 배우는 게 말이야. 아무튼 나는 나중에 미국에서 영화 만들며 살 거니까 놀러 와.

선우 : 어…….

● 학교를 그만두고 세계 여행을 떠나는 일은 희수뿐 아니라 수많은 학생들의 꿈일 겁니다. 일상을 벗어나 새로운 공간에서 예측할 수 없는 일과 마주할 여행은 생각만으로도 설레니까요. 하지만 웬만한 결심 없이는 힘든 일입니다. 경제적인 문제는 둘째로 치더라도 여행의 이유와 목적을 찾기도 쉽지 않지요. 그런데 희수는 이 두 가지 문제를 모두 해결한 것처럼 보입니다. 도움을 주겠다는 부모님의 약속과 영화감독이 되기 위한 것이라는 결론까지 말이지요. 그럼에도 희수는 쉽게 결정하지 못하고 선우 또한 희수의 꿈을 힘껏 응원해 주지 못합니다. 어떤가요, 여러분은 희수를 응원할 수 있나요?

'나도 다 컸는데…… 알 만큼 아는데…….'

혹시 이런 생각해 본 적 없나요. 나이만 어릴 뿐이지 어른들만큼이나 세상을 이해하고 있다고 생각하고, 어른들처럼 행동할 수 있다는 생각 말이지요. 저 또한 그런 생각들을 했지만 막상 어른이 되어 보니 드라마나 영화 속의 로맨스나 낭만은 어디에도 없었습니다. 하지만 기대가 무너졌다고 상상도 그만둔 것은 아닙니다. 여전히 드라마나 영화 속 인물들의 삶을 보며 불가능해 보이는 로맨스를 꿈꾸고 지금과 다른 삶을 상상해 보기도 합니다. 다만 그때와 달리 지금은 그런 일이 일어나기가 얼마나 어려운지 알게 되었고, 상상 속의 일이 일어난다고 해도 현실은 드라마처럼 아름답지 않다는 사실을 어렴풋이 알게 되었다는 게 차이라면 차이겠지요.

> **안나 아르카디예브나는 책을 읽었고 이해도 했지만 읽는다는 것, 즉 책에 씌어진 타인의 생활을 뒤따라간다는 것이 불쾌했다. 그녀는 무엇이든 직접 체험하고 싶은 마음이 간절했다.**
>
> —『안나 카레니나 1』, 문학동네, 2009, 201쪽

페테르스부르크로 향하는 기차 안에서 소설책을 읽는 안나는 왜 타인의 생활을 뒤따라가는 것이 불쾌했을까요? 아마도 그것은 소설의 내용 때문이 아니라 나는 지금 할 수 없는, 내게는 일어나지 않는 그 생활이 부러웠기 때문은 아닐까요? 수많은 시청자의 눈과 귀를 빼앗는 드라마 속 로맨스처럼 안나가 읽는 소설 속의 삶 역

시 나와는 상관없는 특별한 삶으로 비쳐졌을 테니까요. 그런 까닭에 안나는 하얀 눈발 속에서 다시 만난 브론스키를 거부할 수 없었겠지요. 부유한데다 열정적으로 사랑을 고백하는 멋지고 젊은 브론스키는 안나에게 소설에서만 보았던 삶을 이루도록 해 줄 만한 사람이었으니까요. 브론스키 어머니와의 만남, 브론스키에 대한 키티의 사랑 등 우연을 운명으로 믿게 할 만한 사건들까지 일어나 이제 안나는 소설 속의 주인공이 되어 자신을 둘러싸고 있던 삶의 도덕과 규율 들을 넘어섭니다. 무엇과도 바꿀 수 없을 것 같은 아들, 고상한 사교계와 풍족한 삶을 보장해 준 남편을 외면하고 자신을 향해 거침없이 사랑을 고백하는 브론스키에게 빠져들고 말지요. 하지만 안나는 소설 같은 이 사랑이 자신의 삶을 뿌리째 흔들 것이라고 예상하지 못했습니다. 그 사랑이 깊어질수록 유부녀라는 자신의 처지, 남편의 분노, 부정한 여자라는 사람들의 손가락질에 위축되고 급기야 브론스키의 사랑까지 의심하게 될 줄 말이지요. 페테르스부르크행 기차 안의 간절한 바람이 이루어졌지만 그녀는 행복하지 않았습니다.

학교를 그만 다니고 싶다는 희수의 고민에 안나 카레니나가 생각난 까닭은 그의 고민이 현실을 외면한 안나와 닮아 있다는 생각이 들어서입니다. 희수가 학교와 여행 중 하나를 선택하기는 매우 어려워 보입니다. 학교를 포기하면 부모님에게 경제적 지원을 받을 수 없고, 여행을 포기하자니 자신의 꿈과 멀어지는 것 같아 답답하기만 하지요. 만약 희수가 학교의 배움을 무의미하다고 느꼈다면 아르바이트로 경비를 마련하는 일보다 자신이 원하는 배움이 무엇인지에 관한 고민이 먼저 있어야 하지 않을까요? 희수는 이곳을 떠나기만 하면 흥미롭고 아름다운 무엇인가가 기다릴 거라는 기대를 합니다. 사실 이런 간절함은 오늘의 어려움들을 이겨 나갈 수 있는 힘이 되기도 합니다. 영화감독이라는 꿈을 간절하게 원한다면 어렵고 힘든 일들을 피해 갈 것이 아니라 부딪힐 용기를 가져야 하지 않을까요? 쓸데없는 배움을 쓸모 있게 만드는 일, 아름답지 않은 광경을 아름답게 만들 수 있는 방법을 고민하는 일이야말로 지금 희수가 꿈을 향해 나아가는 첫걸음이지 않을까요?

희수가 학교생활과 여행을 동시에 할 수 없는 것처럼 안나에게도 아들과 브론스키는 함께할 수 없는 존재들이었습니다. 하지만 안나는 자신의 사랑을 지키기 위해 포기해야 하는 것이 있음을 인정하지 않았지요. 아편에 의지해 현실이 아닌 환상을 보려 했던 안나의 삶은 희수에게 단호하게 말합니다. '모든 것을 가질 수는 없어'라고 말이지요. 다시 말하자면, 지금 희수에게 필요한 일은 여행에 대한 동경과 막연한 낙관이 아니라, 자신의 선택으로 생겨날 일들을 구체적으로 생각해 보는 것입니다. 그러고 나서 포기할 수 없다는 결론이 난다면, 학교를 그만두고 어디론가 떠나야겠지요. 그리고 당당하게 자신이 선택한 새로운 배움의 길을 걸어가야 합니다. 어쩌면 그 길이 생각과 달리 쉽지 않을 수도 있지만 스스로 선택한 길이니 좀 더 책임감 있게 버텨 낼 수 있지 않을까요? 안나 또한 모든 비난을 감수하고 브론스키와의 삶에 만족했다면 소설은 다른 결말을 안겨 주었을지도 모릅니다. 하지만 안나의 최후는 매우 비극적이었습니다. 스스로 소설의 주인공이 되고자 한 안나는 사랑이 주는 설렘만을 동경했을 뿐, 사랑으로 인해 치러야 할 갈등과 책임, 비난까지 생각하지는 않았으니까요. 안나가 온몸을 내던져 쓴 현실의 소설이 해피엔딩이 되지 못한 까닭은 그녀가 자신이 동경한 세상만 생각했을 뿐, 그것이 요구하는 책임을 외면했기 때문입니다. 희수에게 안나가 건네는 메시지는 자신이 만든 세상만을 생각하며 나아가지 말고 한 걸음 물러서서 천천히 주변을 돌아보라는 것일지도 모릅니다. 어쩌면 행복은 앞으로 다가올 어떤 날들을 통해 이루어지는 게 아니라, 지금 이 순간을 충실히 살아 낼 때 찾아오는 것일 수도 있으니까요. 안나와 브론스키의 사랑을 부정하려는 것이 아니라 그들이 자신의 사랑을 지켜 내려고 했다면 눈앞에 나타난 문제들을 해결해 나갔어야 했다는 뜻이지요. 괴롭고 힘들고 아픈 시간들을 통과하며 말이지요. 그랬다면 그들의 이야기는 달라지지 않았을까요?

안나의 삶을 엿보았지만 여전히 우리는 어떻게 살아야 해피엔

딩으로 끝날지 아직은 알지 못합니다. 『안나 카레니나』가 보여 주는 또 다른 삶들인 레빈과 키티, 스테판 아르카디이치와 돌리의 이야기에서 실마리를 얻을 수 있을지도 장담할 수 없습니다. 그럼에도 불구하고 우리는 안나처럼 소설을 읽으며 타인의 삶을 엿봅니다. 그리고 운이 좋다면 소설 속 인물들의 삶과 그들의 선택을 통해 오늘의 우리가 가야 할 길을 가늠해 볼 수도 있겠지요. 물론 스스로 소설의 주인공이 되려고 하지 않는다면 말이지요.

동경

: 먼 곳에 있는 어떤 대상 혹은 일을 그리워하는 마음으로, 이루기 힘들지만 이루고 싶은 간절한 마음이다.

장 레옹 제롬, 〈피그말리온과 갈라테이아〉, 1882, 런던 브리지언아트라이브러리

'간절하게 바라면 이루어진다', '기대하는 대로 된다'는 말들은 사실일까요?

어떤 이들은 이 말을 사실이라고 이야기하고 또 어떤 사람들은 모든 책임을 개인에게 돌리는 무책임한 말이라고 비판합니다. 하지만 '믿는 대로 되었다'라는 사람들의 증언(?)을 어렵지 않게 들을 수 있는 사회를 사는 우리들에게 이런 말들은 '내가 간절하게 바라지 않아서 그래'와 같은 자기 비난이나 합리화의 구실이 되기도 합니다.

사람들의 기대나 관심이 실제로 긍정적인 결과로 이어지는지 궁금했던 심리학자 로젠탈 교수는 교사의 기대가 학생들의 학업 능력에 미치는 영향을 연구합니다. 교사의 긍정적이거나 부정적인 관심과 기대가 학생들의 학습 능력에 얼마나 영향을 미치는지 궁금했던 것이지요. 연구 결과 교사의 기대에 따라 실제 집단 간의 학습 능력에 차이가 나타났고 사람들의 기대나 바람이 실제로 긍정적인 영향을 미친다는 결론을 발표하지요. 그리고 이러한 현상을 '피그말리온 효과'라 이름 붙였습니다.

그런데 '피그말리온'은 누구일까요? 어떤 이유에서 이런 현상에 그의 이름을 빌려오게 되었을까요?

피그말리온은 그리스로마 시대, 매춘이 일상인 키프로스 섬의 왕이었습니다. 피그말리온 왕은 자신의 섬에 있는 여인들의 행동을 혐오했고 그녀들을 사랑할 수 없었지요. 결국 그는 자신이 꿈꾸는 여인을 상아로 조각하고 그 조각상과 사랑에 빠집니다. 피그말리온은 조각상이 사람이 되기를 간절하게 바랐고 미의 여신 아프로디테는 피그말리온의 소망을 이루어 주었습니다. 온기를 불어넣은 조각상이 실제 사람이 되었고 이 이야기는 '둘은 행복하게 잘 살았답니다'로 끝이 나지요.

하지만 만약 이 이야기가 신화가 아니라 현실이었다면 어떨까요? 여러분이 사랑하는 인형, 피규어, 브로마이드 속 스타가 실제 인간이 되어 내 앞에 나타난다면 말이지요. 어쩐지 좀 으스스해지지 않나요? 이처럼 현실과 상상은 전혀 다른 세상입니다.

슈테판 볼만은 『책 읽는 여자는 위험하다』를 통해 여자들의 독서가 매우 은밀한 취미였음을 이야기합니다. 남자들이 책 읽는 여자들을 두려워했기 때문에 여자들은 그들의 눈을 피해 숨어서 책을 읽어야 했습니다.

책은 여자들에게 현실과 꿈을 오가는 통로 역할을 했겠지요. 마치 안나가 책을 통해 현실과 꿈을 오갔던 것처럼 말입니다.

닮고 싶은 누군가, 빠져들고 싶은 사랑, 꿈꿔 왔던 상대가 등장하는 소설은 현재와 다른 삶을 동경하게 만듭니다. 하지만 『안나 카레니나』는 소설 같은 현실은 없다고 말합니다. 그럼에도 종종 우리는 소설이나 드라마에나 있을 법한 타인의 세계를 동경하고 그들처럼 되기를 바라곤 하지요. 유명 연예인들의 액세서리와 옷차림, 화장법 등을 따라 하는 까닭도 그런 이유지요. 아무리 따라 해도 절대 그들이 될 수 없다는 것을 너무나 잘 알고 있으면서도 말이에요.

물론 동경은 어떤 일을 하는 강한 원동력이 되기도 합니다. 하지만 자신의 상상에 취해 현실을 바라볼 힘을 잃어버렸다면 동경은 더 이상 무엇인가를 이루게 하는 원동력이 될 수 없지 않을까요? 희수의 꿈이 염려되는 까닭은 희수가 스스로의 꿈에 취해 타인의 삶을 막연하게 동경만 하고 있다는 느낌 때문입니다. 그럼에도 자신의 꿈을 향해 나아가려는 희수의 고민은 마땅히 응원해 주어야겠지요. 그 대신 꿈을 향한 길에는 선택, 책임, 실패, 좌절, 인내 등의 과정도 있다는 사실을 잊지 않기 바랍니다.

5

'나'를 찾으면 뭐가 달라지나요?

나는 아무것도 두렵지 않았다.

내게는 세상과 대면할 용기가 있었다.

『황금 물고기』, 르 클레지오, 1997

(문학동네, 2014, 238쪽)

은비 : 체라야. 너는 누구니?

체라 : 나? 김체라지. 왜 그래? 무섭게.

은비 : 그럼 나는 누굴까?

체라 : 너? 조은비지, 새삼스럽기는.

은비 : 그건 내 이름이고, 나란 사람은 정말 누구일까? 어떤 사람일까? 그게 궁금해. 체라 너는 안 궁금해? 김체라라는 이름 속에서 살고 있는 진짜 너 말이야.

체라 : 얼~~ 조은비~. 그런데 말이야. 그거 알아서 뭐하게? 안다고 달라지는 것도 없을 텐데. 괜히 머리만 복잡하지.

은비 : 맞아. 안다고 달라지는 것도 없고 생각하면 할수록 머리만 아픈데도 요즘 들어 자꾸 그런 생각이 들어. 진짜 나는 누구일까? 나는 어디에서 와 어디로 가고 있는 걸까?

체라 : 철학자 조은비 탄생이네! 글쎄…… 나는 그걸 왜 고민해야 하는지도 잘 모르겠는걸? 아, 몰라! 쓸데없는 생각하지 말고, 영어 단어나 더 외워. 내일이 시험이야.

은비 : 맞아. 고민한다고 달라지는 것도 없는데 뭘. 이럴 시간에 영어 단어 하나 더 외우는 게 맞겠지? 역시 내 친구 김체라는 명쾌해.

체라 : 그런데 말이야, 은비야. 정말 나는 누굴까? 진짜 어디에서 와 어디로 가는 걸까? 나도 궁금해지네…….

● '나는 누구인가?'라는 이 질문은 소크라테스의 '너 자신을 알라'만큼이나 시대를 가리지 않고 유효한 물음입니다. 그렇지만 많은 사람들은 평소 자신이 누구인지를 생각하며 살지는 않습니다. 왜냐하면 그 질문에 대한 답을 찾기란 쉽지 않고 혹 찾는다고 해도 현실의 문제들이 해결되지는 않기 때문입니다. 또 별 소용도 없어 보이는 질문을 끌어안고 끙끙대기보다는 당장 눈앞의 문제들을 해결해 나가는 것이 더 현명해 보이기도 합니다. 은비와 체라가 잠시 자신의 존재에 대한 고민을 하지만 곧 내일 있을 시험을 준비하기로 한 것처럼 말이지요.

하지만 자신의 존재에 대해 고민하는 일이 정말 아무 소용도 없는 일일까요?

만약에 그렇다면 '나는 누구인가?'라는 이 질문은 어째서 소크라테스에서부터 오늘날까지 계속 이어지고 있을까요?

더구나 은비와 체라는 새로운 의문을 제기하고 있습니다. '나는 누구인가?'가 아니라, '내가 누구인지를 왜 고민해야 하지?'라는 질문입니다. 그렇습니다. 나는 누구인지를 고민하기 전에 그 고민이 왜 필요한지도 생각해야지요. 도대체 무슨 이유로 자기 자신에 대해 고민해야 하는지 말입니다.

여러분의 생각은 어떤가요?

내가 누구인지를 왜 고민해야 할까요?

화려한 색깔, 우아하게 물결을 가르는 자태에 시선을 빼앗겨 사온 열대어 구피와 네온테트라를 어항에 넣으며 말을 건넵니다. 그리고 뜻밖의 대답에 깜짝 놀라지요.

"이리저리 옮겨 다니고, 너도 참 안됐어."

"뭐라고? 내가 안됐다고, 그러는 너는 뭐가 다른데?"

"다르지, 너처럼 고향이 어디인지 모르진 않아!"

"그뿐이지. 그래서 너는 네가 누구인지 알아? 너도 나처럼 어항에 갇힌 신세이긴 마찬가지잖아."

"내가 왜 어항에 갇혀 있어. 이렇게 자유로운데!"

"흥, 정말 네가 자유롭다고 생각해? 뭐, 나보다는 조금 큰 어항이기야 하겠지만, 너도 별반 다르지 않아!"

열대어에게 한 방을 먹고는 한참을 어항 앞에 서 있었습니다. 이들의 조상은 열대의 따뜻한 물결을 가르며 유유히 헤엄쳐 다녔을지도 모르지만 어항 속 물고기의 대부분은 열대를 경험해 보지 못했겠지요. 오로지 생김새로 먼 조상의 흔적을 짐작할 뿐입니다. 그렇다면 이 물고기들의 고향은 어디일까요? 동남아시아, 중앙아프리카와 같은 곳이 아니라 마트의 어항, 그보다 더 큰 수족관이어야 할까요?

'네가 누구인지 알아? 너는 네가 자유롭다고 생각해?'라고 반문하는 어항 속 물고기의 질문에 여러분은 어떻게 답할 건가요? 아마도 이 질문에 자신 있게 말할 수 있는 사람은 별로 없을 거예요. 소크라테스나 니체 정도의 철학자라 하더라도 쉽지 않은 일이니까요. 그런데 사람들은 너무나 쉽게 '너 자신을 알아야지', '네가 누군지 고민해 보렴'이라는 말을 던집니다. 하지만 이 말은 고민 끝에 결국 네가 누군지 알 거라는 확신을 가지고 하는 말은 아닙니다. 그렇다면 도대체 왜 이런 고민을 해야 하는 걸까요? 앞에서 만난 은비와 체라의 말처럼 고민을 한다고 내일 영어 시험을 더 잘 보게 되거나 현실이 달라지는 것도 아닌데 말이지요.

『황금 물고기』는 '나는 예닐곱 살에 유괴를 당했다'라는 섬뜩한 문장으로 시작합니다. 그런데 곰곰 생각해 보면 수족관 속 물고기도 유괴를 당한 것이나 마찬가지지요. 자신이 살던 곳을 떠나 투명한 비닐에 담겨 부모도 형제도 없는, 전혀 알지 못하는 곳으로 옮겨지는 과정은 작품 속 라일라가 자루에 담겨 랄라 아스마의 집으로 오는 과정과 비슷합니다. 이제 라일라에게 랄라 아스마의 집은 어항과 같은 곳입니다. 아스마가 쓰러진 것을 본 라일라는 의사를 불려야 했지만 집 밖의 길을 알지 못합니다. 아스마의 집은 편안한 어항이었고, 집 밖은 낯설고 두려운 세계였지요. 하지만 라일라의 어항은 아스마의 죽음으로 깨지고 맙니다. 자신을 돌봐 주었던 아스마의 죽음은 그녀를 어항 밖의 세상으로 밀어냅니다. 이제 까만 피부와 아름다운 머릿결, 보는 이들에게 늘 호감을 주는 황금 물고기인 라일라가 어항을 떠나 세상이라는 바다를 표류하기 시작합니다.

당연히 라일라의 표류는 쉽지 않습니다. 가는 곳마다 그녀를 잡으려는 그물이 펼쳐져 있었으니까요. 아스마의 아들 아벨에서부터 그녀를 탐하는 숱한 남자들은 세상이라는 바다에 펼쳐 놓은 그물과 같았지요. 그들은 라일라를 자신의 어항에 가두기를 원했지만 라일라는 힘겹게 그물을 피해 갑니다. 아랍 지역을 떠나 파리로 밀입국하는 과정, 자블로 거리에서의 생활, 지하의 음악들은 라일라에게 새로운 삶을 살아갈 것을 강요하지요. 편안하고 환하고 따스한 생활이 아니라 거센 물결을 거스르며 나아갈 것을 요구합니다. 하지만 아랍, 파리, 니스, 보스톤, 시카고, 알제시라스 등 그녀의 여정에 그물만 있었던 것은 아닙니다. 아스마의 집에서 쫓겨나다시피 뛰쳐나온 라일라를 보살핀 자밀라, 밀입국을 도운 후리야, 음악의 세계로 인도한 시몬과 새라, 엘 세르뇨, 그녀를 사랑한 노노, 아프리카인으로서의 고민을 하게 만든 하킴, 그녀에게 죽은 손녀의 신분증을 건넨 엘 하즈, 마지막으로 그녀가 사랑한 장 빌랑까지 그녀에게 도움을 준 친구들 또한 많았지요. 라일라가 표류의 과정을 거치며 깨달은 것은 혼자가 아니라는 사실입니다. 누군가에게 도움을 받고 도움을 주는 과정이 바로 표류의 여정임을 알게 된 것이지요.

"이제 나는 나 혼자만을 위하여 연주하는 것이 아님을 분명히 깨달았다. 나의 연주는 나와 함께 있던 모든 사람들, 지하 거주자들, 자블로 거리의 차고에서 살던 사람들, 나와 함께 배를 탔고 발 드 아랑 도로를 자동차로 달렸던 이주자들, 더 멀리로는 강어귀에서 배를 기다리며 조만간 무엇인가가 자기들의 삶을 바꿔 주리라고 믿는 것처럼 하염없이 수평선을 바라보던 수이카와 타브리케트 천막촌의 주민들, 그 모든 이들을 위한 것이었다."

–『황금 물고기』, 문학동네, 2014, 265쪽

고향도, 진짜 이름도 알지 못하는 라일라의 표류는 이름의 의미처럼 암흑 같은 밤의 연속이었습니다. 하지만 자신을 찾기 위한 몸부림이 결국 함께한 모든 이들을 위로할 수 있는 몸짓이 되었음을 알 수 있습니다. 혼자의 힘으로는 견디기 힘들었을 시간들을 함께해 준 이들에 대한 감사와 이해, 위로가 가능해진 것이지요. 이제 다시 은비와 체라의 질문으로 되돌아가 봅시다. '나는 누구인가?'라는 질문에 앞서 '내가 누구인지 왜 고민해야 하지?'라는 질문에는 라일라의 깨달음이 대신 답을 줄 수 있을 듯합니다. 자신에 대한 고민의 과정이 자신을 넘어서서 남을 사랑하고 이해할 수 있는 과정이 된다는 깨달음 말이지요.

그럼에도 자신을 온전하게 이해하는 일은 여전히 어렵습니다. 라일라와 달리 자신의 진짜 이름과 고향을 알고 있다 하더라도 인간이라는 존재가 유괴당한 라일라의 처지와 별반 다르지 않습니다. 어느 날, 어디에서 와서 왜 지금 이 자리에 서 있는지 모르니까요. 게다가 집과 부모님, 자신에게 주어진 익숙한 세상들이 어항과 같은 공간이라는 사실 또한 어렵지 않게 깨달을 수 있습니다. 아스마의 죽음으로 라일라의 어항은 깨졌고, 그것을 계기로 라일라는 자신의 삶을 적극적으로 찾아갈 수 있었습니다. 만약 자신에 대한 고민이 시작되었다면 여러분의 어항도 조금씩 금이 가고 물이 새고 있다는 증거입니다. 그러니 너무 두려워하지 않기를 바랍니다. 호시탐탐 여러분을 노리는 그물들도 곳곳에 있겠지만 어항 밖에는 이미 고민을 시작한 많은 친구 물고기들과 여러분의 고민을 이끌어 줄 많은 어른 물고기들이 있을 테니까요.

흔히 듣게 되는 말인 "고민해서 뭐할 건데? 밥이 나오니, 쌀이 나오니? 달라지는 거 하나도 없거든"은 대체로 맞는 말입니다. 자신에 대해 고민한다고 해서 세상이 달라지지는 않으니까요. 하지만 딱 하나, 달라지는 게 있습니다. 바로 세상과 이웃을 바라보는 여러분의 시선입니다. 그 시선을 통해 세상을 다르게 보는 그 순간 여러분의 삶에 어떤 변화가 찾아올지 궁금하지 않나요?

좌절

: 일이나 계획이 실패했을 때 찾아오는 감정. 아무것도 하고 싶지 않고 무엇을 새롭게 시작할 자신감도 없다.

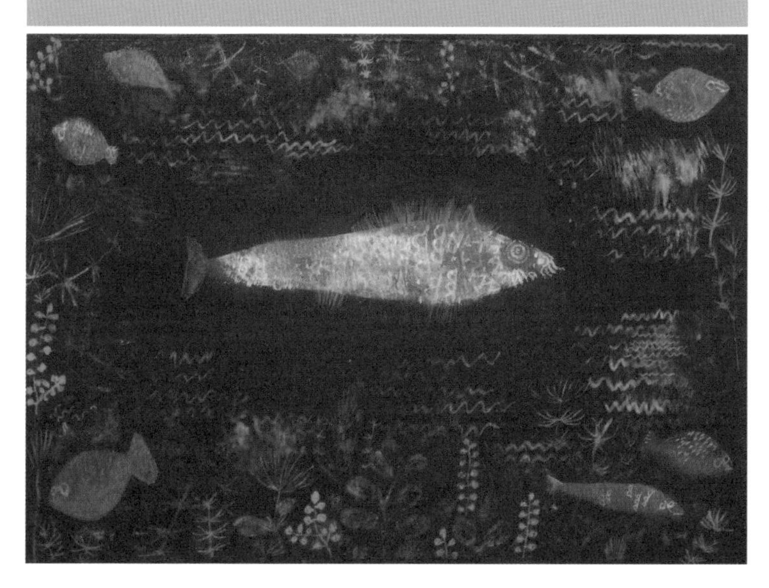

파울 클레, 〈황금 물고기〉, 1925, 함부르크 아트센터

무엇인가를 기대했지만 이루지 못했을 때 느끼는 감정을 '좌절'이라고 합니다. 잘 달리고 싶었지만 넘어졌을 때, 고백했지만 거절당했을 때, 열심히 공부했지만 성적이 나오지 않았을 때 등 무엇인가를 시도했으나 원하는 만큼의 성취를 이루지 못했을 때 우리는 좌절감을 느낍니다. 기대가 컸다면 더 큰 좌절감을 느끼기도 하지요. 하지만 좌절이 꼭 나쁘기만 할까요? 자신을 다시 끌어올릴 만한 좌절이라면, 좌절의 순간에 한 번 더 시도해 보겠다는 용기를 낼 수만 있다면 좌절은 성공을 위한 디딤돌이 될 수도 있습니다. 하지만 그 성공이라는 것은 어떤 의미일까요?

사람들이 말하는 성공이란 혹시 파울 클레의 그림 속 번쩍이는 황금 물고기와 같은 모습은 아닐까요? 우리가 말하는 '성공'이 남들보다 화려한 모습을 가지고 자신보다 작거나 평범한 이들과 비교하는 일을 뜻하는 것은 아닌지 생각해 봅니다.

이 황금 물고기의 커다란 몸과 화려한 빛깔은 사람들의 시선을 빼앗습니다. 어떤 이들은 이를 보며 부러워할 것이고 또 어떤 이들은 자신과 비슷하다고 여길 수도 있습니다. 하지만 시선을 옮겨 보면 앞으로 나아가고 있는 작고 평범한 물고기들도 있음을 알 수 있습니다. 다른 방향이기는 하지만 자신의 갈 길을 향해 나아가는 과정이야말로 성공이 아닐까요? 모두가 똑같이 황금 물고기가 되기 위해 한 방향만을 고집하는 게 아니라 말이지요.

라일라는 황금 물고기였습니다. 그렇다고 그녀의 여정까지 아름다웠던 것은 아닙니다. 자신을 노리는 이들의 그물에서 벗어나기 위해 애써야 했고, 좌절과 고독의 시간을 보내며 표류해야만 했습니다. 그리고 그 과정의 끝에 그녀가 깨달은 것은 자신의 노래가 자신만의 것이 아니라는 사실이었습니다.

자신이 누구인지 고민하는 일은 사실 숱한 좌절을 반복하는 일입니다. 가족이나 친구들의 기대와 요구, 자신의 내면에 존재하는 수많은 마음들을 지나 무엇을 하며 살아갈 것인지, 그런 일들이 어떤 의미인지를 고민하는 과정이 결코 쉽지 않기 때문입니다. 그럼에도 불구하고 자신이 누구인지 고민을 시작하고, 편안한 어항을 깨뜨려 보기로 결심한 여러분에게 아마도 '좌절'은 새로운 시작이자 기회가 될 것입니다. 하지만 모두가 황금빛의 물고기가 되려고 애쓰지는 않았으면 좋겠습니다. 화려한 몸짓으로 자신을 따르라 말하는 이들을 경계하면서 작지만 소박하게 자신의 삶을 살아갔으면 합니다.

지금 삶이 불만족스럽고 매사에 좌절감을 느낀다면 혹시 남의 뒤를 아무 생각 없이 따라가고 있지는 않은지 따져 보길 바랍니다. '생각대로 살지 않으면 사는 대로 생각하게 된다'는 폴 부르제의 조언은 언제라도 새겨들어야 할 말입니다.

6

남들과 다르면 안 되나요?

관리인은 내가 엄마를 보고 싶어 하지 않았고,
담배를 피웠고, 잠을 잤고, 카페오레를 마셨다고 말했다.
그때 온 법정을 술렁이게 하는 뭔가 느껴졌고,
처음으로 난 내가 죄인이라는 걸 깨달았다.

『이방인』, 알베르 카뮈, 1942
(문학동네, 2013, 97쪽)

지은 : 미라야, 공부는 왜 해야 하는 거냐?

미라 : 당연한 거 아니야? 공부를 해야, 음…….

지은 : 학교는 또 왜 다녀야 하는 거야?

미라 : 너 오늘 왜 그래? 그걸 몰라서 물어? 학교는 거의 대부분이 다니잖아. 이유가 있어서가 아니라 그냥 다니는 거라고.

지은 : 안 다니고 싶으면 안 다녀도 되는 거 아니야?

미라 : 헐~. 물론 그래도 되겠지만, 근데 안 다니는 사람은 거의 없어.

지은 : 아무래도 상관없잖아. 자기 마음이지.

미라 : 그래, 자기 마음이지. 하지만 학교는 꼭 다녀야 한다고 생각해.

지은 : 나는 바로 왜 그렇게 해야만 하는지를 묻는 거야. 그렇게 정한 게 누구냐고?

미라 : 그거야. 아주 오래전에…….

지은 : 봐 봐. 너도 잘 모르잖아! 왜 우리가 이렇게 다 똑같은 속도로 학교를 다녀야 하는지 잘 모르겠어.

미라 : 그럼 넌 어떻게 살고 싶은데? 학교를 그만두고 싶다는 거야?

지은 : 아니, 나도 꼭 그런 건 아니야. 아니 그만두고 싶지만 겁나. 그래도 왜 다녀야 하는지 묻고 싶어.

● 열일곱 살 지은이의 물음은 낯설지 않습니다. 우리가 왜 학교를 다녀야만 하는지, 또 왜 모두 같은 속도로 배워야 하는지는 당연히 생각해 봐야 하는 문제입니다. 하지만 이런 생각들을 입 밖으로 내는 순간 '공부하기 싫어서 핑계를 찾는 거야'라거나, '학교 안 다니면 뭐하려고 그래?'라는 핀잔과 추궁이 시작됩니다. 그렇다고 '그럼 왜 다녀야 하는 건데요? 왜 모두 같은 속도로 배워야 하는 건데요?'라는 물음에 시원스레 답해 주는 사람도 없습니다. 대개 '모두가 그러니까, 대부분 그렇게 살고 있으니까, 안 하면 이상하니까'라는 궁색한 이유를 들 뿐이지요. 지은이가 느끼는 답답함은 바로 여기에서 시작되는 건 아닐까요? 모두가 하니까 너도 해야만 한다는 논리가 싫은 거지요. '나는 안 하고 싶은데, 왜 그렇게 해야만 하는 건데요?'라고 묻는 것뿐이지만 당연하다고 생각하는 사람들 사이에서 이런 의문은 가지는 것만으로도 반항이 되어 버립니다. 모두가 가리키는 한쪽 방향에서 한번쯤은 다른 곳을 바라보고 싶은 마음, 그것이 과연 잘못된 것일까요? 그리고 모두가 가리키는 방향과 달리 다른 곳을 바라보려는 시도는 왜 하는 걸까요? 지금 여러분은 어떤 방향을 바라보고 있나요?

뫼르소는 사람을 죽였습니다. 아랍인을 향해 무려 다섯 발의 총알을 쏘았으니 그가 무죄라고 주장할 사람은 아무도 없습니다. 이제 사람들은 도대체 왜 뫼르소가 사람을 죽였는가가 궁금해집니다. 만약 레이몽이 그랬다면 '자신의 정부였던 여자의 오빠에게 원한을 품어서'라고 쉽게 단정 지었을 테지요. 하지만 뫼르소는 다릅니다. 전혀 원한이 없는 사람을 향해 한 발도 아니고 확인하듯 네 발의 총알을 더 쏜 그의 행동을 이해할 사람은 많지 않습니다. 그리하여 소설은 내내 뫼르소가 왜 사람을 죽였을까를 입증하는 재판 과정을 보여 줍니다. 과연 재판을 통해 뫼르소가 왜 그런 행동을 했는지 밝혀졌을까요? 잘 알려져 있다시피 뫼르소가 주장한 이유는 '태양 때문에'입니다. 다른 말로 하자면 '자신도 잘 모른다'가 결론이겠지요. 도대체 이게 무슨 해괴망측한 이야기일까요?

'오늘 엄마가 죽었다. 아니, 어쩌면 어제인지도 모른다'로 시작되는 소설을 읽다 보면 '아무 의미 없다', '이나저나 마찬가지다'를 반복하는 뫼르소를 만나게 됩니다. 그에게 삶은 그다지 가치 있는 것이 아닌 듯 보입니다. 게다가 뫼르소는 엄마의 죽음 앞에 담담함을 넘어 슬픔조차 느끼질 못합니다. 엄마의 시신 앞에서 카페오레를 마시고, 운구 행렬 중 엄마의 마지막 연인이던 페레즈 영감의 두 뺨이 닭똥 같은 눈물방울로 흥건히 젖는 동안에도 뫼르소는 눈물조차 흘리지 않았습니다. 요양원 원장은 모든 장례 과정에서 불필요한 동작 하나 없이 매우 근엄했고, 전혀 알지 못했던 장의사 직원조차 애도를 표했지만 '연세가 많으셨나요?'라는 질문에 뫼르소는 '그런 셈이죠'라는 무심해 보이는 대답을 할 뿐입니다. 더구나 장례를 모두 마치고 알제로 돌아와 잠자리에 들려는 순간 '기쁨'을 느낀다고 고백할 정도입니다. 뫼르소는 정말 나쁜 사람이지 않나요? 엄마의 죽음 앞에 통곡하지는 못할망정 장례를 마치고 돌아와서 잠잘 수 있다며 기뻐하다니요. 게다가 다음 날에 해변으로 나가 해수욕을 즐기고 마리를 만나 사랑을 나누고 웃긴 영화를 보다니요. 사람들이 '어떻게 엄마가 돌아가셨는데 웃을 수 있지?'라고 반문할 만합니다. 검사 또한 재판 내내 뫼르소의 이런 태도를 지적하며 그는 처음부터 극악무도한 사람이었다고 주장합니다. '원래 나쁜 사람이었으니 살인을 한 것이다'라는 주장이지요. 언뜻 잘 이해가 되지는 않지만 재판은 온통 뫼르소가 얼마나 나쁜 사람인가를 증명하는 데 초점이 맞춰집니다. 그리고 엄마의 죽음 앞에서 보인 뫼르소의 태도는 그가 바로 나쁜 사람이었다는 증거가 됩니다. 살인 사건과 엄마의 죽음 사이에 아무런 연관성도 없는데 말이지요. 그리고 배심원들은 그에게 사형을 구형합니다.

하지만 요양원 원장에게 장례는 일종의 처리해야 할 '일'이었지요. '그 뒤로는 모든 게 너무나도 황급하고, 너무나도 확연하고, 너무나도 자연스럽게 진행되어서 더 이상 기억나는 게 아무것도 없다'는 뫼르소의 말은 전혀 거짓이 아닙니다. 원장이 근엄하게 행동하고 이마의 땀방울을 닦지 않은 것은 정말 슬퍼서라기보다는 죽음을 대하는 관습적인 태도와 관련 있겠지요. 두 뺨에 닭똥 같은 눈물을 보인 페레즈 영감은 운구 행렬 사이를 빠져나가 좀 덜 걸어도 되는 지름길을 오가며 장례 행렬에 함께합니다. 간호사는 너무 빨리 가면 일사병에 걸릴 수 있다고 경고합니다. 모두들 매우 슬퍼 보였지만 사실 묵묵히 저마다의 일을 했을 뿐입니다. 죽음 앞에서 타인을 떠나보내며 관습적으로 행동한 것이지요. 그 이후에도 뫼르소가 만난 사람들 역시 엄마의 죽음에 대해 비슷한 애도의 태도를 보입니다. 하지만 뫼르소는 이들과 달랐습니다. 엄마의 죽음 이후에 마리를 만나고 섹스를 나누고 웃기는 영화를 보는 그는 전혀 이 땅의 관습을 따르고 있지 않아 보입니다. 죽음이라는 매우 충격적인 상황 앞에서 말이지요. 이런 뫼르소를 보며 우리는 '당연하다는 것'에 대한 생각을 해 봅니다. 도대체 '당연하다는 것은 누가, 왜, 무엇 때문에 정해 놓은 것'일까요? 지은이의 '왜 공부를 해야 하지? 왜 학교를 다녀야 하지?'라는 질문도 마찬가지겠지요. 대부분 사람들이 그렇게 해야만 한다고 정해 놓은 일 앞에서 자유로울 수 있는 사람은 그다지 많지 않으니까 말이지요. 자신의 개를 습관적으로 때리는 살라마노 영감을 보면서 습관이라는 것에는 이유가 없다는 생각이 듭니다. 그럴 만한 이유 없이 행해지는 살라마노 영감의 폭력은 고스란히 뫼르소와 지은이에게도 행해지고 있습니다. 관습이거나 당연하다는 이유로 말입니다.

뫼르소의 '아무 상관없다', '이나저나 마찬가지다' 류의 태도는 사람들에게 익숙한 삶의 방식이 아닙니다. 더구나 엄마의 죽음 앞에서 보인 뫼르소의 태도는 더더욱 그렇지요. 그리하여 뫼르소의 태도는 못마땅하면서 위험한 태도로 비쳐집니다. 뫼르소의 태도는 자신들의 관습을 위협하는, 이전에 본 적이 없는 유형일 테니까요. 지은이의 질문에 미라가 당연하다는 것을 거듭 강조하는 이유나 어른들에게 잔소리나 들을 게 뻔하다는 설명 역시 '그렇게 해야만 하는 거야'라는 사람들의 보편적인 인식을 바탕으로 합니다. 하지만 지은이는 이 말에 쉽게 동의가 되지 않습니다. 뫼르소와 지은이같이 많은 사람들이 따르는 일반적인 태도에 반기를 드는 사람들 덕에 우리는 '당연하다고 생각했던 것'에 대한 의심을 품게 됩니다. 사람들이 찾은 뫼르소의 죄 역시 살인이 아니라 그가 관습에 따라 슬퍼하지 않았다는 점인 것을 보면 그의 행동이 얼마나 일반적이지 않았는가를 확인하게 됩니다. 그렇다면 사람들은 왜 일반적이지 않은 뫼르소에게 사형을 선고하고, 정말 나쁜 놈이라고 단죄해 버렸을까요? 그가 정말 엄마의 죽음 앞에서 전혀 슬프지 않았던 것일까요? 그리고 뫼르소에게 애도를 표했던 모든 이들은 또 정말 슬퍼했던 것일까요? 어쩌면 그에게 슬픔을 표했던 사람들이야말로 습관적으로 슬픈 표정을 지었던 것은 아닐까요? 물론 뫼르소의 살인 행위를 두둔하려는 것은 아닙니다. 소설 속 엄마의 죽음이나 살인, 사형 선고는 상징일 뿐이지요. 죽음 같은 충격적인 일 앞에서도 그저 습관대로 행동하는 우리들의 모습을 보여 주기 위한 상징 말이지요. 배심원들이 내린 사형이라는 판결 또한 관습을 따르지 않고, 자신들이 세워 놓은 질서를 어긴 것에 대한 선고처럼 보입니다. 질서에 대한 위협, 그것은 쉽게 용납될 수 있는 것이 아니니까요.

지은이의 질문 또한 공부는 해야만 하는 것이고, 학교는 꼭 다녀야 하는 곳이라는 기존의 질서를 위협하는 질문입니다. '왜 그래야만 해?'라는 질문을 내뱉는 순간 그래야만 한다고 믿었던 사람들은 자신의 존재가 부정된다고 느낄 것입니다. 하지만 이런 질문을 통해 그렇게 해야만 한다고 말하는 사람들의 내면에서 자신들이 미처 알지 못했던 의식이 깨어날 수 있지는 않을까요? 미처 의식하지 못했던 무의식이 깨어나 황급하게 자신의 삶을 되돌아볼 수 있지 않을까요? 생존을 위협하거나 사회적으로 용인되지 않는다는 이유로 무의식 속에 꽁꽁 숨겨 두었던 어둡고 축축한 감정들 말입니다. 뫼르소가 보여 준 무미건조한 태도는 사실 우리 내면 안에 누구나 가지고 있을 수 있는 감정은 아닐지 생각해 봅시다. 사람들이 이름 없이 성만 있는 뫼르소를 받아들이지 못한 까닭도 자신들 안에 있는 수많은 뫼르소가 나타날까 봐 두려웠던 것은 아니었을까요?

무의식

: 스스로도 알지 못하는 사이에 일어난 행동이나 말을 두고 무의식적 행동이라 한다. 스스로 알고 있는 것 너머의 어떤 심리를 뜻한다.

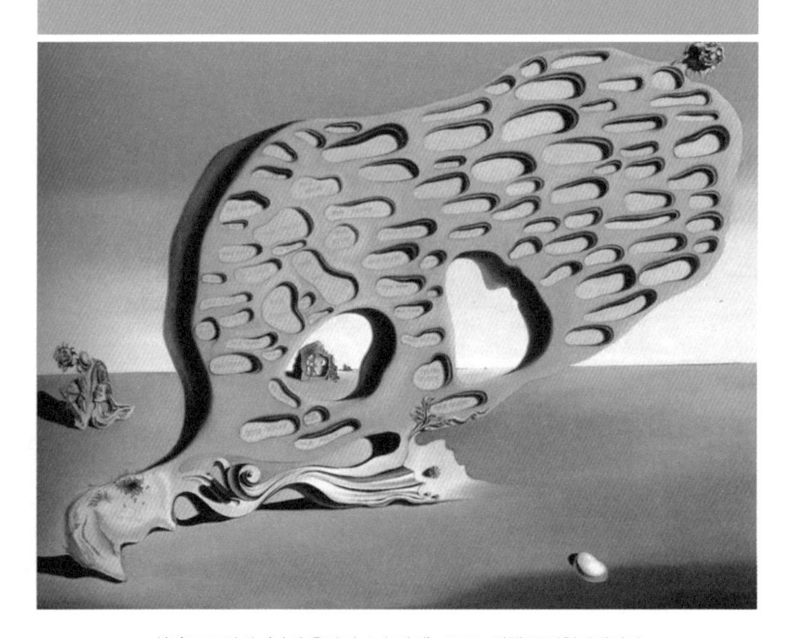

살바도르 달리, 〈나의 욕망의 수수께끼〉, 1929, 뮌헨 주립현대갤러리

살바도르 달리의 그림은 〈나의 욕망의 수수께끼〉라는 제목처럼 수수께끼 같습니다. 무엇인가를 깊이 감추고 드러내지 않는 느낌입니다. 제목을 놓고 추리해 보려 해도 쉽지 않습니다. 마치 마음 속 깊은 곳에 있는 '무의식'처럼 말이지요.

오늘날 무의식이라는 단어는 여기저기에서 만날 수 있습니다. 거식이나 폭식, 이유를 알 수 없는 소화 불량, 학업 스트레스 등을 설명할 때에도 무의식이라는 용어가 일상적으로 쓰입니다. 심지어 교과서와 시험에도 이드, 리비도, 에고와 같은 용어가 나오기도 하지요. 상황이 이렇다 보니, 무의식이 무엇인지 정확히는 모르지만 너도나도 풍월을 읊을 수준은 됩니다. '무의식이 작용한 걸 거야', '너의 무의식이 그렇게 행동하게 만드나 보지' 등과 같은 말을 툭툭 내뱉고는 하지요. 하지만 우리는 실제로 무의식이라는 녀석과 마주해 본 경험은 없습니다. 어쩌면 바로 지금 이 순간에도 활발하게 움직이고 있을 무의식이지만 눈에는 좀처럼 보이지 않기 때문입니다. 단지 몸의 기능, 감정의 기복, 행동의 변화 등에서 그 흔적을 발견할 뿐입니다.

프로이트에 따르면 무의식은 최초의 자아의식이 있고 그것을 억압해서 생겨난 것입니다. 생존을 위협하거나 사회적으로 용납되지 않는 생각, 감정, 욕망 등이 의식의 어딘가에 쌓여 있는 것을 무의식이라 부르지요. 무의식에 관한 정의가 무엇이든 한 인간의 내면에는 자신이 의식하지 못하는 어떤 세계가 존재한다는 것이 일반적으로 합의된 내용입니다. 하지만 이런 무의식은 말 그대로 무의식인 까닭에 언제, 어디서, 어떤 모습으로 나타날지 예측하기 어렵습니다. 때로는 매우 강력하게 자신의 삶을 파괴할 수도 있고, 때로는 자신도 몰랐던 열정을 이끌어 낼 수 있기도 합니다.

뫼르소가 작열하는 태양을 보다가 총구를 겨누게 된 까닭은 그의 깊은 내면에서 찾아야 할 문제입니다. 도대체 그에게 태양은 무엇이었는지, 그는 왜 태양을 피할 수 없었는지, 어머니의 죽음이 왜 떠올랐는지 등등 말입니다. 하지만 이 문제에 명쾌한 대답을 얻기는 어렵습니다. 눈에 보이지 않는 내면은 미로와 같아서 길을 잃기가 다반사이기 때문이지요. 어쩌면 공부를 왜 해야 하느냐는 지은이의 질문에도 말하기 복잡한 감정들이 얽혀 있을 수 있습니다. 공부에 대한 압박, 성공에 대한 기대, 꿈에 대한 좌절 등등 말이지요.

무의식은 분명 억압된 감정이지만 무엇이 억압되어 있는지를 알면 보물창고와 같은 곳이 될 수 있습니다. 하지만 그 창고는 주변의 먼지를 치우고 굳게 잠긴 문을 힘껏 잡아당기는 수고를 해야만 열립니다. 당연히 그 과정은 쉽지 않겠지요. 지은이나 뫼르소처럼 이상하다는 말을 들을 수도 있습니다. 자신이 지금까지 알던 사회에서 전혀 다른 존재로 이방인 취급을 받을 수도 있습니다. 하지만 소설을 가만히 살펴보면 이방인은 뫼르소만이 아닙니다. 뫼르소의 입으로 전해지는 사람들 또한 이방인이지요. 어쩌며 우리는 서로에게 이방인일 수밖에 없는 존재들 아닐까요? 같은 사회를 살아가지만 우리의 생각은 모두 다를 수밖에 없으니까요. 우리는 누구나 뫼르소가 될 수 있습니다. 오롯하게 자신을 이해할 수도, 세상에 순응할 수도 없는 '생각 있는' 존재들이니까요. 이방인이 될까 안절부절하지 말고, 마음이 건네는 말에 조금 더 귀 기울여 보세요. 그것이 분노이든, 불안이든, 공포이든 상관없이 말이지요. '이런 감정이 드는 이유는 뭘까?' 하고 계속 살펴보면서 말이지요.

7

나에게도 꿈이 있어요

자기가 바라는 일을 한다는 것,
자기가 좋아하는 조건에서 마음 편히 산다는 것,
그것이 인생을 망치는 일일까?

『달과 6펜스』, 서머싯 몸, 1919
(민음사, 2015, 259쪽)

현수 : 유찬아! 나는 춤을 추고 싶어.

유찬 : 뭐? 갑자기 웬 춤?

현수 : 난 춤출 때가 가장 즐겁거든.

유찬 : 그럼 추면 되잖아. 뭐가 문제야?

현수 : 그게 아니라 학교 그만 다니고 춤만 추고 싶다는 뜻이야.

유찬 : 야! 정신 차려! 네 엄마가 퍽도 그러라고 하시겠다.

현수 : 그러니까 말이야. 그런데 학교에 있으면 너무 답답해.

유찬 : 너만 답답한 거 아니거든. 괜히 핑계 대지 말고 공부나 열심히 해.

현수 : 너는 공부해서 뭐할 건데?

유찬 : 나도 몰라. 아직 뭘 해야 할지 몰라서 공부하는 거야.

현수 : 에궁, 너 같은 범생이랑 무슨 얘기를 하냐!

유찬 : 그럼 넌 공부 안 하면 뭐할 건데? 가뜩이나 대학 나와도 취직 안 된다고들 난리잖아.

현수 : 몰라, 그런 건. 그냥 춤으로 나를 보여 줄 수 있으면 좋겠어. 그뿐이야.

유찬 : 그 중요한 걸 모르면 어떻게 하냐? 안 먹고 살 수는 없잖아. 너는 꿈만 먹고 살 수 있어?

현수 : 이럴 거면서 꿈은 왜 가지라고 해? 웃기는 거 아니야? 애당초, 꿈을 가지라는 말!

● 이 새의 조상은 야생기러기입니다. 하지만 이 새는 조상들과 달리 날지는 못합니다. 이 새는 헤엄은 치지만 하늘은 날지 못해 조류가 아닌 가금류, 즉 사람들이 가두어 기르는 가축으로 분류됩니다. 하얗고 부드러운 털은 이불이나 옷의 충전재로 사용되며, 간은 푸아그라라 불리는 비싼 요리의 재료가 되기도 한답니다. 이 새의 이름은 무엇일까요?

그렇습니다. '거위'입니다. 뒤뚱거리는 모습이 우스꽝스러운 거위의 옛 조상이 하늘을 유유히 나는 기러기였다니 놀랍지요?

거위의 과거와 오늘을 이해하고 나서야 비로소 〈거위의 꿈〉이라는 노래의 '난 꿈이 있어요. 그 꿈을 믿어요. 나를 지켜봐요'라는 노랫말이 이해되기 시작합니다. 이 노래가 얼마나 절박한 꿈을, 또 얼마나 불가능한 꿈을 이야기하는 노래인지를 말이지요. 벽을 넘어 하늘을 날겠다는 이 노랫말 속 거위는 틀림없이 거위 세상의 비웃음과 조롱을 한 몸에 받았을 겁니다. 그 꿈이 설령 모두가 꾸는 꿈이라 하더라도 말이지요. 하늘을 나는 법도 모르면서 하늘을 날겠다는 거위를 향해 '야, 정신이 있는 거야, 없는 거야? 우리는 못 날아! 너 미친 거 아니니?'라는 비난은 예사였을 거고요. 하지만 어디 이런 일이 거위 세상의 일이기만 할까요? 현실을 운운하면서 타인의 꿈을 비난하고 타협을 강요하는 일은 여기저기에 있습니다. 유찬이 말처럼 꿈만으로는 먹고 살기 힘들다는 게 가장 강력한 이유겠지만요. 이제 현수의 '이럴 거면서 꿈은 왜 가지라고 해? 웃기는 거 아니야?'라는 말이 예사롭게 들리지 않습니다. 정말 이럴 거면서 왜 꿈을 가지라는 걸까요? 꿈꾸는 대로 살 수도 없는데 말이지요.

학교를 다니기 시작한 지 어느새 30년이 넘었습니다. 그사이 학생에서 교사가 되지만 30년 동안 비슷한 공간을 경험하며 살고 있는 셈이지요. 그런 까닭에 '만약 교사가 되지 않았다면 나는 지금 어떻게 살고 있을까?'라든지, 학교를 지나쳐 무작정 어디론가 떠나고 싶다는 충동이 일 때도 있습니다. 하지만 이런 충동은 학교 정문에 다다를수록 한 덩어리로 뭉쳐져 마음 깊은 곳에 쑤셔 박힙니다. 마음먹은 대로 마음이 이끄는 대로 하지 못하는 이유는 특별히 소심하거나 책임감이 강해서라기보다 어제와 비슷한 오늘을 살아가는 나의 삶은 동시에 나를 둘러싼 사람들의 일상과도 맞물려 있기 때문입니다. 어제와 비슷한 오늘, 예측이 가능한 하루를 살아가기 때문에 나의 일탈은 곧 주변 사람들까지도 혼란스럽게 할 위험이 있습니다. 아니 어쩌면 한 사람의 예측 불가능한 행동 때문에 주변 사람들의 삶은 멈춰 버릴지도 모릅니다. 마치 증권거래소의 스트릭랜드가 갑작스레 부인에게 이별을 선언하고 프랑스로 떠나 버린 것처럼 말입니다.

마흔 안팎의 스트릭랜드는 그럭저럭 괜찮은 삶을 살아갑니다. 경제적으로 별 어려움이 없고 아내는 지적이며 아이들은 건강합니다. 아내에게 이혼을 선언하고 가족의 품을 떠날 이유는 보이지 않습니다. 하지만 스트릭랜드는 가족들과 함께 떠난 휴가의 말미에 한 장의 편지만을 남긴 채 돌연 사라집니다.

그는 어디로 간 것일까요? 아니, 그는 왜 갑자기 가족을 떠난 것일까요? "그림을 그리고 싶어서"라는 이유가 있지만 가족이 있는 중년 남성이 집을 떠날 만큼의 큰 이유로 들리지는 않습니다. 편안하고 안정된 삶을 버리고 헐벗고 굶주리면서까지 그림을 그리겠다는 그의 마음을 이해하기 쉽지 않을 뿐 아니라 그의 그림이 앵그르나 마네의 것처럼 훌륭해 보이지도 않기 때문이지요. 사람들은 스트릭랜드를 비웃었고 금세 다시 돌아올 거라는 기대(?)도 해 보았겠지요.

하지만 그는 타히티에서 삶을 마감할 때까지 붓을 놓지 않았습니다. 나병으로 시력을 잃으면서도 사방의 벽을 그림으로 채우며 생을 마치지요.

도대체 어떤 힘이 편안하고 안락한 삶에서 그를 끌어내어 아무도 알아주지 않는 캔버스 앞으로 이끈 것일까요? 열정이라는 단어를 생각해 보지만 어쩐지 이 두 음절의 낱말로는 설명하기 힘든 더 큰 힘이 있는 것만 같습니다. 예측 가능하고 안락한 삶을 내던지고 스트릭랜드 그 자신조차 어쩔 수 없는 힘에 이끌려 프랑스의 싸구려 호텔에 캔버스를 펼치게 한 힘은 과연 무엇일까요? 소설 속 사람들은 스트릭랜드가 죽고 나서야 그의 그림을 인정하고 그를 천재라 칭합니다.

이렇게 『달과 6펜스』는 사람들의 이해를 받지 못했던 천재 화가의 삶을 다루고 있습니다. 하지만 그와 같은 천재성이 없더라도 우리는 종종 앞으로 일어날 일 따위는 염두에 두지 않은 채 지금과 다른 삶을 꿈꾸기도 합니다. 물론 대부분은 아무것도 실행에 옮기지 못하지만 말이지요.

그럼 우리는 왜 생각을 실행에 옮기지 못하는 것일까요? '그처럼 천재가 아니라서?'라고 생각해 볼 수도 있지만 그 스스로 천재라 여긴 적은 없고, 세상 또한 생전에 그를 천재라 여기지 않았으니 이유로 적절하지 않습니다.

그럼 '현재 삶이 주는 편안함을 버리지 못해서'일까요? 익숙하고 편안한 일상을 포기하고 알 수 없는 내일을 선택하기란 쉽지 않은 일이지요. 이 생각은 타당해 보이지만 어쩐지 이 이유만이라면 뭔가 쓸쓸해지기도 합니다. 혹시 그렇게 해야만 하는 절박함이 부족하거나 일어날 수도 있는 일들에 대한 두려움 때문은 아닐까요? 남들 눈에는 '미친 거 아니야?'로 보이든 말든 스스로가 미치도록 원하는 절박함의 부족과 '모든 것을 잃으면 어쩌지?' 하는 불안함 말입니다.

스트릭랜드가 편안한 일상을 모두 내팽개치고 잡다한 일들을 마다하지 않으면서 물감 값을 벌고 그림을 그리는 것을 보며 그의 자유로움이 한없이 부러워지기도 하지만, 그림 이외의 것에는 무심한 삶을 보며 '과연 나는 저렇게 살아 낼 수 있을까?'라는 두려움이 생기는 것도 자연스러운 일입니다.

지금 우리가 스트릭랜드처럼 살아야 하는 것도 아니고 살지 못했다고 해서 좌절감을 느낄 필요도 없습니다. 우리 모두가 이상과 현실 속에서 늘 방황하고 있음을 인정하는 게 중요하겠지요.

『달과 6펜스』라는 제목처럼 우리는 잡히지 않는 '달'과 같은 대상을 소망하거나 '6펜스'라는 얼마 되지 않는 물질을 탐하는 것 사이를 오갑니다. 어른들이 어릴 적 꿈은 잊고 6펜스를 벌기 위해 아등거리며 살아가는 이유는 유찬이의 말처럼 '꿈만 먹으며 살아갈 수는' 없기 때문입니다. "하고 싶은 걸 해야지. 네가 행복해야 해"라고 말을 하는 어른들조차도 손에 잡히지도 않을 '달'을 꿈꾸는 아이들을 보면 그 힘든 길을 왜 가려 하느냐고 손사래를 칩니다.

사실 현수와 유찬이가 하는 갈등 또한 꿈과 현실, 달과 6펜스 사이에서의 갈등입니다. 달을 소망하는 현수, 6펜스가 중요하다는 유찬이의 말 중 어느 편에 서야 후회하지 않을 수 있을까요? 참 어려운 일입니다. 하고 싶은 것과 할 수 있는 것, 해야 하는 것과 해서는 안 되는 것들을 수없이 오가며 방황하는 십 대가 지나가면 해결될까요? 안타깝게도 십 대를 지난다고 해서 그런 갈등과 방황이 끝나는 것은 아닙니다. 소설 속 인물인 스트릭랜드가 중년의 나이에 자신의 꿈을 찾겠다고 선언한 것처럼 지금 못다 이룬 꿈은 언젠가 다시 튀어나와 절박한 목소리로 애원할지도 모릅니다. '지금이라도 늦지 않았어!'라고 말이지요.

스트릭랜드의 이야기는 우리도 잘 아는 폴 고갱의 삶을 소재로 하고 있습니다. 실제로 고갱은 증권거래소를 다녔고 서른다섯 살 즈음에 전업 화가의 삶을 시작합니다. 소설보다는 덜 극적이지만 그 역시도 익숙했던 자신의 삶을 뒤로하기란 쉽지 않았겠지요. 실제로 그의 존재 여부와 상관없이 우리는 소설을 읽으며 초록의 원시림과 붉은 황톳빛의 땅을 상상하게 됩니다. 그 까닭은 '미쳤다'의 다른 표현인 '광기'가 그의 그림에도 고스란히 담겨 있으리라는 기대 때문입니다. 이상과 현실, 달과 6펜스 양쪽에 어정쩡하게 다리 한쪽씩을 걸치려고 애쓰는 사람들에게 없는 것은 바로 어쩔 수 없는 '광기'임을 인정하지 않을 수 없습니다. 바로 이 광기가 그림, 음악, 무용 등과 같은 예술이나 사랑, 나눔과 같은 헌신으로 승화될 때 우리는 아름다움을 경험하게 되지요.

이제 현수와 유찬이의 갈등 상황으로 돌아가 봅시다. 이상과 현실 사이에서 적당히 살아가는 건 아닌지 부끄럽다는 생각이 들 수도 있습니다. 뭔가 확실한 선택을 하고 싶을 수도 있습니다.

하지만 소설에 나와 있지 않은 스트릭랜드의 40년을 짐작해 보았으면 합니다. 증권거래소의 직원으로, 한 가정의 가장으로, 또 자신의 꿈을 가족에게 말하지 못했던 사람으로 그의 마음속에 있었을 고민과 번민 말이지요. 그 역시도 도달할 수 없는 달과 6펜스 사이를 수없이 오고 가지 않았을까요? 그 고민의 시간 속에서 내린 결론이었기에 그토록 매진할 수 있었던 것은 아닐까요?

많은 사람들은 달과 6펜스 어느 쪽도 아닌 그 사이에 머물러 있는 경우가 많이 있습니다. '가지 않은 길'을 노래한 프로스트의 시처럼 우리는 가 보지 못한 길을 영원히 아쉬워할 수밖에 없는 운명을 타고났지요. 그렇다면 이 운명 앞에서 우리는 달과 6펜스에 대해 안타까워하는 것 대신 무엇을 할 수 있을까요?

달과 모양이 같은 6펜스를 동시에 거머쥐기란 여간 어려운 일이 아닙니다. 그런 탓에 어떤 이들은 삶의 고달픔을 감수하면서 달을 선택하고, 어떤 이들은 마음속에 뜨거운 열정을 간신히 잠재우며 6펜스의 삶을 살아가게 되겠지요. 그렇다면 이제 우리는 어떤 삶이 더 나은지를 비교하는 대신 어떤 삶을 선택했든 자신과 타인의 선택을 존중하며 살아 내는 방법도 배워야 하지 않을까요? 나와 다른 선택이라고 해서 어떻게 그럴 수 있느냐고 비난하고 헐뜯는 대신 말이지요.

아름다움은 고통 속에서 피어나기도 하지만 평범함 속에도 존재하는 것이니까요.

승화

: 승화(昇華), 한자를 그대로 풀이하면 '찬란하게 빛나 오르다'라는 뜻이다. 어떤 정신이나 행동이 평범하지 않고 한 차원 높은 수준에 이르게 되는 경지를 뜻한다.

김명국, 〈달마도〉, 1643, 국립중앙박물관

'아름다운 것은 아름다움 그 자체로 인해 아름답게 보이는 것이다.' 이것은 플라톤의 말입니다. 이데아라는 말과 함께 수업 시간에 한두 번쯤은 들어 보았을 플라톤은 '아름다운 것'과 '아름다움'은 다른 것이라 생각했습니다. 아무리 아름다운 것이라 하더라도 상대적일 수밖에 없으니까요.

나병으로 살이 녹아내리는 스트릭랜드의 말년은 아름다움과는 매우 거리가 멀어 보입니다. 하지만 그가 시력을 잃고도 사방의 벽을 그림으로 채우는 장면을 상상할 때면 온몸이 짜릿해지는 아름다움이 느껴집니다. 이처럼 아름다움이란 아름답게 보이는 것과는 별개의 문제입니다. 이런 경우를 '예술로 승화했다'라고 할 수 있지요. 정신분석학에서의 '승화'는 합리화, 회피 등과 함께 자신에게 생긴 어려움을 방어하는 기제 중 하나입니다. 승화는 내면의 갈등 상황을 사회적으로 인정받을 수 있는 상황으로 이끌어 내는 것을 말하는데, 스트릭랜드의 경우에는 내면의 공격성과 원시성을 그림이라는 예술로 이끌어 냈다고 할 수 있습니다.

다시 현수의 고민으로 돌아와 봅시다. 현수의 고민은 아마도 더욱 깊어질 것이고 그럴수록 주변 사람들과 부딪힐 일들도 많아지겠지요. 그런 마찰 속에서 현수가 어떤 선택을 할지 알 수 없지만 아마도 수많은 갈등과 어려움이 현수를 더욱 꿈을 향해 나아가도록 만들 수는 있습니다. 갈등을 이겨 내기 위해, 어려움을 극복하기 위해 현수는 더욱 열심히 춤을 출 수도 있겠지요. 이런 경우에 현수의 갈등과 괴로움은 춤으로 승화되었다고 할 수 있을 거예요. 또한 유찬이의 고민도 이어질 겁니다. 아직은 무엇을 해야 할지 알 수 없지만 언젠가 하고 싶은 일을 만나면 자신의 삶에 회의를 품고 괴로워할지도 모릅니다. 하지만 유찬이 역시도 그 순간의 어려움을 이겨내기 위해 노력한다면 그 또한 삶이 승화되는 순간이라 할 수 있을 것입니다.

많은 사람들은 '과연 지금 내가 잘 살고 있는 걸까? 이렇게 살아도 되는 걸까?'를 고민합니다. 가지 않은 길을 후회하고 가 보지 못한 길에 아쉬움을 드러내기도 합니다. 하지만 꿈을 꾸기만 하면서 후회하고 아쉬워하는 것은 아무것도 안 하는 것과 같지 않을까요? '이럴 거면 왜 꿈을 꾸라는 거야?'라는 반문과 원망은 삶을 아름답게 하는 데 별 도움이 되지 않습니다. 우리는 남들과 다른 특별한 삶을 꿈꾸면서도 남들 같은 어려움은 없기를 바라지요. 하지만 이런 두려움과 맞서는 일이야말로 승화, 즉 아름다움에 가까이 가는 방법이 아닐까요? 혜성처럼 나타나 사람들의 감탄을 자아내고 싶겠지만 혜성 또한 한순간의 아름다움을 위해 먼 길을 날아왔다는 것을 잊지 마세요. 천재는 재능을 타고난 사람들이지만 그 재능을 갈고닦은 사람들이기도 합니다. '하고 싶은 걸 하라면서? 하고 싶은 걸 해도 돼요?'를 묻는 대신 '하고 싶은 걸 하기 위해 나는 지금 무엇을 하고 있지?'를 먼저 물어봅시다. 그렇게 묻고 무엇인가에 도전하는 일이 지금 꿈을 위해 할 수 있는 최소한의 노력이 아닐까 합니다. 몇 번의 손놀림으로 완성되었을 김명국의 달마도가 있기까지 수없이 많은 헛된 손놀림이 있었음을 기억하는 일이 삶을 아름답게 만드는 승화의 첫걸음이지 않을까요?

8

내 마음속에 사는 기쁨에게

서쪽 하늘은 부드럽게 어우러진 빛깔들로 찬란했고
연못은 이 모든 빛깔들을 한층 더 부드러운 음영으로 투영했다.
이 아름다움에 온통 감동받은 앤은 감사의 마음을 담아
영혼의 문을 활짝 열었다. 앤이 혼잣말을 했다.
"정든 세상아, 넌 정말 사랑스러워.
내가 네 안에 있다는 게 기뻐."

『빨간 머리 앤』, 루시 모드 몽고메리, 1908

(허밍버드, 2014, 490쪽)

수아 : 진수야. 노을이 이렇게 예쁜지 예전에는 몰랐어.

진수 : 무슨 뚱딴지같은 소리야? 우리 내일 수학 시험이거든.

수아 : 그게 뭐 어때서? 나 정말 해가 지는 하늘을 이렇게 오랫동안 바라보는 건 처음인 것 같아.

진수 : 해는 매일 지거든요! 갑자기 왜 이래?

수아 : 너도 봐 봐.

진수 : 뭘 보라는 거야? 해는 매일 지고, 내일도 볼 수 있는 풍경이야. 하지만 시험은 그렇지 않다고! 그렇게 멍하니 있다간 낼 시험 망칠걸.

수아 : 잠깐 하늘 좀 보자. 지금 지는 해는 지금 아니면 못 보는 거라고!

진수 : 넌 저 시뻘건 게 뭐가 멋지다고 보라는 거야?

수아 : 너는 저게 시뻘건 걸로만 보여? 가만히 봐 봐. 빨간색은 별로 없거든. 주황, 노랑, 심지어 보라, 파랑 이런 색들이 보여. 이렇게 수십 개의 색깔들이 하늘을 가득 채우고 오늘과 이별하는 거라고. 아무리 아웅다웅하고 노력해도 사람은 흉내 낼 수 없는 말들이라고, 저건!

진수 : 난 잘 모르겠어. 감동적이면 너나 실컷 보고 들어와. 나는 수학 문제나 풀 테야.

수아 : …….

● 보도블록의 틈을 비집고 핀 꽃들, 학교의 담벼락을 채운 넝쿨들, 매일 뜨고 지는 해가 만들어 내는 풍경들이 내게 건네는 새로운 말들에 귀 기울여 본 적은 얼마나 되었나요? 무엇 때문에, 왜 그래야 하는지 이해하지 못하고 앞만 보고 사는 동안 우리가 혹시 놓치고 있는 순간들은 없을까요?

진수의 말처럼 해는 오늘도 내일도 지는 게 사실이지만 또 수아의 말처럼 오늘의 해는 지금 이 순간에만 존재합니다. 내일 시험에 마음이 급해 먼저 뒤돌아선 진수가 과연 해가 지는 풍경에 빠져 있는 수아보다 몇 개의 수학 문제를 더 풀 수 있을까요? 잘은 모르겠지만 왜 하는지 모르는 공부 때문에 답답해하는 진수보다 자연 속에서 감동을 느낀 수아가 훨씬 더 정겹게 글자들과 마주할지도 모를 일입니다. 요즘 우리는 '힘들다, 힘들어'를 입에 달고 삽니다. 이렇게 힘든 우리들에게 필요한 것은 사실을 아는 것보다, 그 사실 속에 숨겨진 감동을 찾아내는 일이지 않을까요? 작은 것, 익숙한 것, 일상적인 것에서 감동을 발견할 수 있다면 매일 하는 공부, 매일 만나는 사람들 사이에서도 충분히 감동을 찾아낼 수 있을 거예요. 그 감동이 하루를 다시 살아 낼 힘을 주지 않을까요?

'세상에서 나보다 더 힘든 사람은 없을 거야!'라는 생각은 남과 자신을 객관적으로 비교하여 얻은 결론은 아닐 수 있어요. 지금 자신이 처한 상황을 견디기 힘들 때 누구나 해 볼 수 있는 말이자 생각입니다. 이성 친구와 헤어졌을 때, 다이어트에 실패했을 때, 열심히 공부했지만 성적이 오르지 않았을 때도 툭 튀어나오는 감정입니다. 하지만 이런 감정에 오래 매달려 있다 보면 정말 자신이 세상에서 가장 힘든 사람이 되어 있기도 합니다. 아무것도 하고 싶지 않은 마음이 들어 곧잘 무기력해지기까지 합니다. 만약 지금 '도무지 나란 사람은 되는 게 없어'라는 마음이 든다면 루시 몽고메리의 『빨간 머리 앤』을 펼쳐 보았으면 합니다. 거기엔 태어난 지 3주 만에 부모를 잃은 뒤 토머스와 해먼드의 집에서 아이를 돌보고 집안일을 하다가, 돌볼 사람이 없어지자 고아원으로 보내진 열한 살의 앤 셜리가 여러분을 기다리고 있습니다. 더구나 입양이 되는 줄 알고 온 집에서 '우리가 입양하려고 한 아이는 여자아이가 아니고 남자아이야'라는 충격적인 이야기를 듣고 불안과 절망 속을 헤매는 앤도 있지요. 앤을 만나니 어떤가요? 정말 웬만큼 슬프거나 힘들지 않으면 '내가 세상에서 가장 불행한 것 같아'라고 말하기조차 힘들지 않을까요? 앤은 깨진 유리 조각에 비친 자신의 모습에 캐시 모리스라는 이름을 붙이고 말을 건넸을 만큼 곁에 의지할 수 있는 사람, 사랑할 수 있는 사람도 없었습니다.

이 정도면 현실을 비관하고 살면서 누구보다 재미없어야 할 것 같은데 이상하게도 앤은 매순간이 즐거워 보입니다. 매슈와 앤의 첫 만남. 기차역에서 늦어지는 매슈를 기다리면서도 앤은 '아무도 데리러 나오지 않으면 어쩌지?'라는 불안 대신 만약 아무도 오지 않는다면 벚나무 위에서 잠을 자려고 했다는 이상한(?) 소리나 합니다. 그런데 앤의 멈출 줄 모르는 이 이상한 수다에 매슈와 마릴라는 마음을 빼앗겨 버립니다. 요즘 말로 츤데레인 마릴라와 언제나 앤의 편인 매슈는 앤의 멈출 줄 모르는 수다에 잊고 있었던 웃음을 되찾습니다. 훗날 마릴라의 고백처럼 앤은 사랑을 가르쳐 준 아이였습니다. 사랑을 받아 본 경험이 없는 앤이 사랑을 가르쳐 줄 수 있었던 힘은 어디에서 비롯된 것일까요? 도대체 앤은 무슨 힘으로 그 힘겨운 삶을 살아 냈을까요? 말도 안 되는 말을 떠들어 대고 상상으로 만들어 낸 상황을 즐기는 앤을 바라보며 '제정신이 아니군' 하며 비아냥을 하려다 그녀가 겨우 열한 살에 불과하다는 사실을 깨닫습니다. 충분히 상상하고 꿈꾸어야 할 나이여야 하잖아요. 앤이 그토록 고단한 삶 속에서도 상상하는 힘, 꿈꾸는 힘을 잃지 않은 게 정말 다행이란 생각이 듭니다. 그렇다면 앤의 이런 힘은 어디에서 비롯되는 것일까요. 그것은 아마 앤이 매슈의 마차에 올라 초록 지붕으로 가며 만나는 풍경마다 '환희의 하얀 길', '반짝이는 호수'와 같은 이름을 붙이며 감탄하고 감동하는 마음에서 비롯된 힘이 아닐까요? 커스버트 남매가 원한 사람이 자신이 아니라 남자아이였다는 사실에 '절망의 구렁텅이에 빠진 것 같다'며 울고, 다음 날 아침에는 6월의 아침 풍경에 넋을 잃고 기쁨으로 반짝일 수 있는 앤이었으니까요. 이처럼 아름다운 것을 아름답게 볼 수 있는 앤의 눈과 마음이 고단한 삶을 견디게 해 준 것은 아닐까 싶습니다.

"정말 예뻐요"라는 앤의 말에, "커다란 나무지, 꽃들도 화려하고, 하지만 과일들은 영 신통치 않아. 자잘한데다 벌레도 먹고"라는 마릴라의 대답은 아름다운 것을 아름답게 볼 수 있는 앤과 대조를 이룹니다. 앤은 이제 "나무만 두고 하는 말은 아녜요. 물론 예쁜 나무지만요, 맞아요, 정말 눈부시게 예쁜걸요. (…중략…) 이런 아침엔 그저 온 세상이 사랑스러워요. 시냇물이 까르르 웃어 대는 소리가 여기까지 들려요. (…중략…) 오늘 아침이 되니까 절망의 구렁텅이까진 아니에요. 아침까지 그럴 순 없으니까요. 아침이 있다는 건 멋진 일이잖아요"라고 대답합니다. '정말이지 넌, 상황 파악이 안 되는구나, 앤!'이라는 생각이 고개를 들려던 찰나, 매일 아침을 이렇게 멋지게 맞이할 수 있는 앤이 부러워집니다. 매일 찾아오는 아침을 멋있게 받아들이는 일은 아무나 할 수 있는 게 아니니까요.

이제 수아가 넋을 잃고 바라본 하늘을 한번 생각해 볼까요? '붉다'라는 단 한 가지 색으로는 표현하기 힘든 하늘을 말이에요. '그래서 뭐 어쩌라고요?' 하는 친구들도 있겠지만 아름다운 것을 보고 아름답다고 느끼지 못한다면 힘들고 슬픈 일들을 보고도 똑같이 '그래서 뭐 어쩌라고요?'라고 묻게 되지 않을까요. 나와는 상관없는 일들이라며 타인의 슬픔과 아픔에 공감하지 못하면서 말이지요.

뉴스를 보면 세상은 점점 살기가 어려워지는 듯합니다. 안타깝게도 가진 자들의 부는 더욱 커지고, 없는 자들은 자신들의 작은 권리조차 주장하기 어려운 시절이 되어 가고 있으니까요. 게다가 사람들은 점점 이런 차별이 정당한 것이라는 생각마저 하는 듯합니다. '서성한중경외시'로 시작되는 흡사 주문과 같은 대학 순위는 배움의 장에서조차 아주 단단한 차별의 벽을 느끼게 합니다. 이런 사회를 살다 보니 어느새 우리 역시도 차별을 당연히 여기고, 남들보다는 특별한 대우를 받기 위해 애를 쓰고 있지는 않은가요? 다른 사람들의 가난과 아픔이 내 것이 아니어서 다행이라고 생각하거나, 공감하지 못하면서 말이지요. 어쩌면 우리들 역시도 진수처럼 아름다운 것을 아름답게 볼 힘을 잃어버린 것은 아닐까요?

『빨간 머리 앤』은 고아였던 앤이 커스버트 남매의 집으로 입양되어 성장하는 과정을 다룬 소설입니다. 하지만 이 이야기는 앤의 이야기만은 아니지요. 앤의 수다 안에는 슬픔, 사랑, 감격 등의 감정이 고스란히 담겨 있습니다. 앤은 사람들이 체면 때문에 차마 할 수 없던 말들이나 느끼지 못한 감정들을 일깨워 줍니다. 무뚝뚝한 마릴라도 참견쟁이 린드 아줌마도 무서운 조세핀 할머니마저도 앤 덕분에 잊고 있던 즐거움을 찾았으니까요. 다시 말해 앤의 성장은 에이블린 마을 사람들의 성장이기도 합니다. 앤 덕분에 사람들은 '커다란 나무지' 대신 '나무가 무척 예쁘구나' 하며 감동할 수 있게 되었으니까요.

헬조선이라는 자조적인 말들이 아무렇지 않게 나오는 시절을 살아가며, 어쩌다 이런 세상이 되었을까 되짚어 봅니다. 물론 정치, 경제, 권력을 잡고 있는 사람들을 원망하지 않을 수 없지만 '그럼 우리는 다른가? 나는 다른가?'라는 반성도 해 봅니다. 빨간 머리 앤이 자신을 사랑한 마릴라와 자신이 사랑했던 초록 지붕을 지키기 위해 대학 진학을 포기했던 것처럼 우리는 무언가를 지키기 위해 어떤 것을 포기할 수 있을까요? 아무것도 포기하지 않은 채, 나의 욕심을 채우기 위해 앞으로 나아가려고만 하는 일은 내일의 시험을 위해 오늘의 해 따위는 신경 쓰지 않는 진수의 마음과 별다르지 않아 보입니다.

그럼에도 세상은 아름답다고 믿고 싶습니다. 지는 해와 흩날리는 벚꽃 때문이 아니라, 혼자보다는 함께 살아가려고 애쓰는 사람들 때문입니다. 넉넉한 밥상과 화려한 옷이 아니더라도 다른 사람을 사랑하는 마음, 다른 사람의 아픔에 공감할 줄 아는 마음을 가진 이들이 있기 때문이지요.

이제 주변으로 눈을 돌려 보기 바랍니다. 좋은 것은 좋게, 슬픈 것은 슬프게, 있는 그대로를 바라보며 마음이 움직이는 것을 느껴 보기를 바랍니다. 마음이 느껴서 움직인다는 '감동'의 경험이야말로 이 힘겨운 세상을 살아갈 작은 힘이 되어 줄 테니까요. 감동하는 마음은 혼자 간직하는 것이 아니라 흘러넘쳐 남과 나누는 것이어야 할 것입니다. 매번 새로운 감동을 느낀다면 그리고 혼자가 아니라는 위안을 얻는다면 내일이 조금 더 기대되지 않을까요?

감동

: 딱딱하게 굳은 마음에 미세한 금이 생기는 순간이 있다. 마음을 움직이고 변화시키는 이 미세한 금이 바로 감동이다.

빈센트 반 고흐, 〈별이 빛나는 밤〉, 1889, 뉴욕 현대미술관

"별을 보는 것은 언제나 나를 꿈꾸게 한다"고 고흐가 말했죠. 먼 우주에서 보내는 반짝임 앞에 말을 잃고 고흐가 꾸었을 꿈을 상상해 봅니다. 수없이 많은 별이 빛났을 그때와 달리 오늘날 우리의 밤하늘은 어느새 별의 흔적이 잘 보이지 않을 만큼 흐릿해졌고 어둠을 밝히는 조명들로 가득 차 있습니다. 하지만 몇 안 되는 별을 헤아리기 위해 고개를 젖히고 먼 곳에서 별이 보내는 이야기를 들어 보려고 애를 써 봅니다. 사람들이 고흐가 남긴 〈별이 빛나는 밤〉을 사랑하는 이유 역시 밤하늘의 별이 얼마나 떠 있는지 상관없이 별이 빛나는 밤은 언제나 우리를 꿈꾸게 하기 때문이지요. 어디서, 언제 출발해서 빛나는지 알 수 없는 별의 반짝임은 그 자체만으로 놀랍고 아름다운 일이니까요.

앤이 우리에게 일깨워 준 것도 이와 다르지 않지요. 계산하고 따져서 더 유리한 것들을 가지려는 사람들에게 별의 반짝임은 아무 소용이 없겠지만 그녀가 진심을 다해 감동하는 모습은 옆사람을 함께 감동하게 만듭니다. 또 앤은 우리에게 엄청나게 많은 이야기를 건넵니다. 그 폭풍 수다에 한번 빨려 들어가면 헤어 나오기 힘들지만 앤의 말들에 우리가 짜증 나지 않는 이유는 그녀의 이야기가 자신의 이기심과는 전혀 상관없기 때문입니다. 오히려 앤의 말들은 생각지도 못했던 들판의 반짝임을 보게 하는 신비한 힘이 있습니다.

지금을 살아가고 있는 우리에게도 앤의 신비한 힘은 필요합니다. 진수처럼 합리적인(?) 사람도 필요하지만 그 합리가 감동까지 이끌어 내지는 못합니다. 오히려 수많은 사람들이 각자의 합리를 앞세워 이기심을 포장할 수도 있습니다. 하지만 감동은 다릅니다. 아름다운 것을 보고 반했든, 아픈 것을 보고 슬퍼했든 마음이 크게 느껴 움직이는 힘은 합리로는 설명할 수 없습니다. 마음은 누가 뭐라 해도 강요할 수 있는 게 아니니까요. 스스로 느끼는 것에서 시작해 조금 더 나아가 움직이기 위해 필요한 것은 '감동할 줄 아는' 삶이 아닐까요?

9

믿을 사람이 없어요

어느 날 아침 불안한 꿈에서 깨어났을 때,
그레고르 잠자는 침대 속에서 자신이 흉측한 해충으로
변해 있음을 깨달았다.

「변신」, 프란츠 카프카, 1915
(민음사, 1998, 9쪽)

인성 : 야, 너 숙제 끝났다고 나한테 이러기야?

민규 : 무슨 소리야? 내가 뭘?

인성 : 어제 톡에서 애들이랑 이야기할 때 내 얘기만 다들 읽고 씹었잖아.

민규 : 과민하기는. 그 톡방에 너만 있냐?

인성 : 아니! 너네 조별 과제 끝났다고 나한테 이러는 거잖아. 더 이상 쓸모없으니까.

민규 : 우리가 뭘? 너 되게 오버한다.

인성 : 그렇지 않고선 지난주랑 너무 다르잖아. 아니야? 과제는 거의 내가 하게 만들고.

민규 : 헐, 우리가 언제 너한테 그렇게 많이 하랬어? 네가 먼저 하겠다고 했잖아.

인성 : 야! 무슨 말을 그렇게 해? 내가 안 했으면 우리 조 최하점이었어.

민규 : 그럼 그렇지. 그게 우리를 위해서 한 거라고? 웃기지 마! 그냥 네가 점수 잘 받으려고 그런 거잖아.

인성 : 뭐라고? 내가 나 하나만 잘되자고 그런 거 같아?

민규 : 아니야? 그럼, 이제 와서 어쩌라고? 어차피 조별로 같이 한 건데, 이제 와서 왜 이렇게 생색을 내는 건데?

● 인성이는 지금 무척 속이 상했습니다. 과제가 끝난 뒤 달라진 친구들의 태도 때문이지요. 인성이는 그 이유를 자신의 '쓸모'에서 찾아냈고, 그 결과 친구들이 자신을 이용한 것 같다는 기분에 사로잡혔습니다. 더구나 민규는 고맙다는 말 대신 '언제 너한테 그렇게 많이 하랬어?'라며 따지듯 대꾸합니다. 욕심을 채우려고 했던 거 아니냐는 비아냥에 인성은 할 말을 잃고 맙니다. 사실 이 짧은 대화만으로 민규와 친구들, 인성이의 상황을 정확하게 알 수는 없습니다. 하지만 인성이는 자신이 이용당했다는 생각을 지울 수 없고, 민규는 인성이가 어째서 그걸 인정받고 싶어 하는지 알 수 없어 하는 건 분명해 보입니다.

배신감. 어쩌면 지금 인성이의 마음속에서 스멀스멀 올라오는 심정은 이런 게 아닐까요? 친구들이 자신의 선의를 배신한 것 같은 기분 말이지요. 그런데 인성이는 어째서 배신감을 느낄 정도로 혼자서 조별 과제를 수행하려고 했던 걸까요?

이제 모든 걸 혼자 책임지려고 했던 또 한 사람. 『변신』의 그레고르 잠자를 만나 이 문제에 대해 다시 이야기해 봅시다.

'내가 언제 너한테 그렇게 하라고 했어?'

막장 드라마의 단골 대사 같은 이 말은 듣는 이에게 허탈감과 배신감을 안겨 줍니다. 이 말에는 상대에게 나는 강요한 적 없다고 꼬리를 빼는 비겁함과 상대의 희생을 누리고도 모른 척하는 뻔뻔함이 녹아 있지요. 차마 말하는 이가 뱉지는 않았지만, '네가 좋아서 한 거잖아. 이제 와서 왜 이래?'의 다른 말처럼 들리기도 합니다. 이제 '나는 너를 믿고 했는데, 너는 나한테 바란 적 없다고? 내가 원해서 한 것뿐이라고?'라는 억울함이 솟구치지만 우기면 우길수록 씁쓸한 기분을 떨쳐 버리기 어렵습니다.

벌레로 변한 그레고르 잠자는 작품 속에서 자신의 마음을 시원하게 드러내지 않습니다. 그는 분노가 무엇인지를 잊은 사람처럼 가족의 생계만을 걱정할 뿐입니다. 하지만 그의 예상과 다르게 가족들은 곧 그의 빈자리를 채우며 일상을 이어 갑니다. 어쩌면 벌레로 변한 그레고르의 가장 큰 혼란은 수십 개의 다리를 가진 벌레로 변한 자신의 몸이 아니라, 자신 없이도 살아가는 가족들을 지켜보는 마음이지 않았을까요? 더 이상 자신의 존재가 '필요'하지 않은 가족을 지켜보는 마음, 나누어 짊어질 수 있었음에도 불구하고 자신에게 모든 것을 의지했던 가족에게 서운함이 밀려들었을 테니까요. 하지만 가족들은 그레고르의 심정 따위에는 아무 관심이 없습니다. 그들에게는 벌레로 변한 그레고르가 수치스러울 뿐이지요.

가족의 자랑이던 그레고르는 한순간에 가족에게 가장 숨기고 싶은 존재가 되었습니다. '만약 이게 오빠였더라면, 사람이 이런 동물과 함께 살 수는 없다는 것을 진작 알아차리고 자기 발로 떠났을 테지요'라는 누이의 말은 이 가족에게 그레고르가 어떤 존재였던가를 생각하게 합니다. 벌레로 변하고서도 가족을 걱정했던 그레고르와 비교해 말이지요. 오히려 오빠로서의 역할을 강조하며 사라져 주기를 바라는 가족의 모습에서 '너무 이기적인 거 아니야? 그동안 그레고르 덕에 살았으면서!'라는 생각이 들기도 합니다. 그런데 입장을 바꿔 우리가 그레고르의 가족이었다면 벌레로 변한 그를 가족으로 인정할 수 있었을까요? 주변을 돌아보면 가족이나 친구, 동료라고 하더라도 책임과 필요의 관계를 벗어나 존재하기란 쉽지 않습니다. 인간의 이기심과는 별도로 인간은 서로에게 영향을 미치며 살아가기 때문이지요. 만약 그레고르가 벌레의 몸을 하고도 사람의 말을 할 수 있었다면 어떤 이야기를 하고 싶었을까요?

"아니, 이렇게들 돈을 벌 수 있었다면 왜 진작 안 하셨어요? 조금만 함께했다면 저도 덜 힘들고 더 빨리 이 어려움에서 벗어날 수 있었잖아요! 어떻게 이럴 수 있어요?" 이런 말이 아니었을까 생각해 봅니다. 그랬다면 또 가족들은 무슨 말을 했을까요? 이런저런 상상을 해 보지만, 소설 속 그레고르는 안타깝게도 사람의 말을 할 수는 없고 들을 수만 있었습니다. 누이, 어머니, 아버지의 대화를 들으며 그레고르는 자신이 가족들에게 어떤 존재였던가를 깊게 고민할 수밖에 없었겠지요. 어쩌면 벌레로 변하고도 가족의 곁을 맴돌던 그레고르의 마음속에는 가족들에 대한 믿음이 있었을지도 모를 일입니다. 겉모습이 어찌 되었든 가족들은 자신을 이해하고 지켜줄 거라는 믿음 말이지요. 하지만 그의 생각과 달리 가족들은 그의 겉모습을 혐오했고 귀찮아했지요. 물론 가족들도 처음에는 당혹스러움과 안타까움을 느꼈겠지만 그의 변신이 나아질 수 없다는 것을 깨달았을 때 더 이상 그를 가족으로 여기지는 않습니다. 더구나 그가 없이도 생활이 가능한 방법들을 찾고 난 다음에는 그레고르는 이제 가족이 아닌 그들을 힘들게 하는 짐이 되지요. 상황을 조금 바꿔서 만약 그레고르가 벌레가 되지 않고 아프거나 해고당해 돈을 벌지 못하는 상태가 되었다면 어땠을까요? 가족들은 헌신하며 그를 돌보았을까요? 정도의 차이는 있겠지만 가족들의 선택은 비슷했을 거예요. 가족들에게 그의 변신은 돈을 벌 수 있는 존재에서 벌 수 없는 존재로 달라진 것일 뿐 생김새의 문제는 아닌 것 같으니까요.

물론 현실에서 이런 일이 일어나기는 어렵습니다. 자신의 몸이 진짜 벌레로 변하는 일은 영화나 소설에서나 가능한 일이지요. 하지만 친구나 가족들이 자신의 존재를 모기나 바퀴벌레처럼 여기는 것 같다는 느낌을 받는 일은 현실에서도 가능합니다.

인성이가 느끼는 괴로움도 이와 비슷한 경우겠지요. 조별 과제가 끝난 뒤 달라진 친구들의 태도는 인성이에게 자신의 존재에 대한 의구심을 들게 했을 테니까요. 인성이가 조별 과제를 열심히 했던 이유는 친구들과의 관계를 회복하고 싶어서일 수도 있습니다. 반대로 친구들은 과제를 하기 위해 모인 건데 자꾸 친한 척하는 인성이가 부담스러웠을 수도 있지요. 친구들은 누이가 그레고르의 밥그릇을 빗자루로 쓸어내리듯 인성이가 건네는 말을 무시하며 인성이 스스로 그것을 느끼도록 하고 있지요.

이제 인성이는 어떤 식으로든 행동해야 할 것입니다. 우르르 밀려오는 분노를 친구를 향해 쏟아 내든, 관계를 끊고 지내든 말이지요. 하지만 어떤 경우도 인성이의 마음을 편하게 해 주지는 못할 것입니다.

그레고르가 외판원으로 처음 돈을 벌어 온 날 가족들이 보인 기쁨과 고마움의 태도는 특별했습니다. 하지만 이 '특별한 따뜻함'이 오래가지 않았던 것처럼 인성이의 노력에 대한 친구들의 인정과 지지도 오래가지 않았습니다. 이제 인성이는 친구들 사이에서 그레고르처럼 벌레로 변해 버린 것 같습니다. 머릿속에서는 배신감이라는 말이 떠오릅니다. 어떻게 해야 할까요? 가족이나 친구를 대할 때마다 '내가 이만큼 했으니, 너도 이만큼 해'라고 딱 부러지게 말해야 할까요? 그보다는 가족이나 친구는 한쪽의 희생으로 이어지는 관계가 아니라는 것을 알고 행동해야 하지 않을까요? 한쪽의 희생은 그레고르나 인성이처럼 기울어진 관계를 만들어 버리고 마니까요.

물론 소설은 그레고르의 존재, 인간 존재에 관한 의문을 제기합니다. 우리는 그레고르를 통해 문제를 해결할 수 있는 실마리를 찾을 수 있고요. 만약, 그레고르가 아버지나 어머니, 누이에게 자신의 힘겨움을 솔직하게 이야기해 보았다면 어떠했을까요? 그레고르가 가족들에게 도움을 구해 보았다면 어떠했을까요? 가족들이 그의 힘겨움에 공감하여 씀씀이를 줄이고, 일자리를 구했을 수도 있고 '그래서 어쩌라고' 식의 뻔뻔함을 보였을지도 모르지요. 하지만 최소한 가족들의 마음을 알게 된 그레고르는 자신만의 상상과 기대로 무조건 희생하지는 않았을 것이고, 벌레로 변하는 극단적인 일도 일어나지 않았겠지요. 인성이 또한 조별 과제를 하면서 겪는 어려움을 그때그때 이야기하고, 부족함에 대해 친구들의 도움을 구했다면 그 과정에서 좋은 방향이든 나쁜 방향이든 서로를 이해할 수 있는 관계가 되었을 수도 있지요.

어느 날, 눈을 뜨니 벌레로 변한 그레고르가 책 속의 이야기만은 아니겠지요. 어쩌면 지금도 자신이 벌레처럼 살아간다고 느끼거나, 벌레 같은 존재가 되어 버릴까 두려워하며 안간힘을 다해 관계를 유지하려 애쓰는 친구들도 있을 겁니다. 그런데 말이지요, 여러분은 그레고르와 그의 가족 중 어느 쪽이 더욱 벌레처럼 느껴지나요? 또 아버지, 어머니, 누이 중 다음 벌레로 변할 존재는 누가 될 것 같나요?

관계는 어느 한쪽의 노력과 희생만으로 지속되지 않습니다. 혼자만 애쓰지 말고, '내가 다 할게' 대신에 '나도 힘들어. 도와줘'라는 말을 일단 건네 보는 것은 어떨까요?

배신감

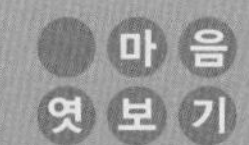

: 믿음은 지켜져야 하지만 때로 버려지는 경우도 있다. 신뢰와 믿음이 두터울수록 그것이 깨질 때는 상대에게 느끼는 슬픔과 분노의 크기도 커진다.

프리다 칼로, 〈내 마음속의 디에고〉, 1943, 멕시코 시티 겔만콜렉션

프리다 칼로는 열여덟 살에 강철봉이 척추를 관통하는 사고를 당했습니다. 의사가 되고 싶었던 그녀의 꿈과 몸은 전차와 버스가 부딪힌 이 사고로 산산조각 나고 말았지요. 이제 그녀는 척추 대신에 온몸에 철심을 박아야 했고, 오랜 시간을 침대에서 보내야 했습니다. 유일하게 자유로운 두 손으로 그림을 그리기 시작한 칼로는 절망과 고통 속에서 희망을 찾아냈습니다. 그리고 칼로는 당대 유명한 민중 화가인 디에고 리베라와의 결혼을 통해 또 다른 희망을 꿈꿉니다. 하지만 리베라와의 결혼 생활은 그녀의 바람과 달랐습니다. 그녀보다 21살이나 많았던 리베라의 끊임없는 여성 편력으로 그녀는 외롭고 힘겨운 시간을 보내야만 했습니다. 비록 그림처럼 제3의 눈으로 디에고가 보는 곳을 함께 바라본다 해도 마주 보지 못하는 디에고와의 사랑에서 칼로는 행복할 수 없었지요. 사랑은 함께 같은 곳을 바라보기도 해야 하지만 함께 마주 볼 수도 있어야 하니까요.

사랑은 상대가 요구하지 않더라도 상대를 위해 어려움쯤은 기꺼이 감내하겠다는 마음을 가지게 하는 감정이지요. 칼로와 리베라처럼 남녀 관계에서뿐 아니라, 그레고르와 가족들의 관계도 마찬가지지요. 하지만 같은 곳을 바라만 볼 뿐 마주 보지 못하는 관계는 칼로나 그레고르처럼 비극이 되기 일쑤입니다. 사랑한다고 믿었던 상대가 신뢰와 기대를 저버릴 때 우리는 배신감을 느낍니다. 자신의 여동생과 바람을 피운 리베라를 바라보며 느낀 감정, 자신을 징그러운 벌레로 취급하는 가족들에게 그레고르가 차마 말하지 못했거나 미처 인식하지 못한 감정들 중 하나도 이런 마음이었겠지요. 물론 칼로와 그레고르, 인성이가 처한 상황은 무척이나 다릅니다. 하지만 자신을 희생해서 상대와의 관계를 유지하거나 문제를 해결하려 했다는 점은 비슷합니다. 하지만 관계는 이런 일방적인 노력으로만 이루어지지는 않지요. 서로 마주 보지 못하고 자신의 방향만을 강요하는 것이라면 그것이 과연 사랑인가 의심해 보아야 하지 않을까요? 동전의 앞뒤처럼 찰싹 붙어 있는 사랑과 배신은 세상에서 둘도 없는 소중한 사람을 한순간에 징그러운 벌레로 만들어 버릴 수도 있으니까 말이지요.

2 장

더불어 사는 세상

아홉 개의 시선

10

진실과 거짓 사이

《차이퉁》은 그들 자신들의 범죄 행위만 좋아하고,

맘에 들지 않거나 분명하지 않은 사실은 모조리 조작한다.

심지어 조작되지 않은 사실조차

그 신문에서는 거짓말로 보이게 되어 완전히 거짓으로 흡수된다.

『카타리나 블룸의 잃어버린 명예』, 하인리히 뵐, 1974

(민음사, 2008, 148쪽)

지원 : 승원이가 분명하다니까. 걔가 가져가는 거 봤어.

민경 : 승원이는 아니라던데.

지원 : 잘 들어 봐. 승원이가 1교시 끝나고 쉬는 시간에 네 자리에 앉았다가 일어났어.

민경 : 그래서?

지원 : 너는 2교시 수업 중에 휴대폰이 없어졌다는 걸 알았잖아. 그럼 그 자리에 앉았다가 일어난 승원이가 가져간 게 확실하지 않겠어.

민경 : 음. 그런가? 그사이 네가 못 본 다른 애가 가져갔을 수도 있지.

지원 : 야, 그럼 가져간 애가 말하고 가져가겠니? 내가 봤다잖아. 그리고 너 지금 내 말 못 믿는 거야?

민경 : 아니, 그런 게 아니라…… 승원이가 그걸 가져가서 뭘 하겠어?

지원 : 아이고, 이 답답이. 승원이랑 작년에 같은 반이던 애가 해준 말인데, 작년에도 그 반에 비슷한 일이 있었대. 범인은 승원이일 가능성이 높았다고. 물론 밝혀지진 않았지만.

민경 : 지원아, 그런 이유로 승원일 의심할 순 없어.

지원 : 뭐라고? 내 말은 못 믿겠다고? 난 내 눈으로 본 것만 믿을 뿐이야.

● 승원이는 정말 민경이의 휴대폰을 훔쳤을까요? 만약 그랬다면 승원이의 행동은 잘못된 것이지요. 하지만 그게 아니라면 지원이의 이야기를 듣는 승원이의 마음은 어떨까요? 일단 많이 억울하겠지요. 어쩌다 민경이의 자리에 앉았을 뿐인데, 오해까지 받았으니 말이에요.
이제 승원이가 지원이에게 대화를 시도한다고 생각해 봅시다. 승원이는 사실을 고백할 수도 있고, 아니라고 해명을 할 수도 있습니다. 하지만 지원이는 자기 생각이 맞다고 굳게 믿고 승원이의 어떤 말도 들으려고 하지 않습니다. 가만히 둘러보아요. 지원이와 같은 확신으로 다른 사람에게 귀 기울이지 못하는 경우가 없는지 말입니다.

매일 뉴스를 읽어도 내용은 어제와 비슷하기 일쑤입니다. 친부(혹은 친모)가 아이를 학대하고, 새로운 전염병으로 세계가 긴장하고 있으며, 국내 기업들은 신입 사원 채용을 올해도 줄일 예정이랍니다. 신문과 텔레비전에는 충격, 공포, 살인, 진압, 강제 등의 낱말들과 유명 연예인들의 열애, 결별, 노출 등의 자극적인 이야기도 있으며 건강을 위한 슈퍼 푸드, 명사들의 독서법 등의 이야기도 함께 소개합니다. 갑자기 궁금해집니다. 뉴스는 누구에 의해, 무엇을 위해 만들어질까요? 그리고 우리는 이런 뉴스를 읽으며 무엇을 알게 되었고, 어떤 변화를 경험하였을까요?

『뉴스의 시대』를 쓴 알랭 드 보통은 플로베르를 인용하며 뉴스와 같은 언론이 사람들에게서 생각할 수 있는 힘을 앗아 간다고 지적하였습니다. 고상한 언어를 사용하는 언론은 독자가 해야 할 의심하고 탐구하는 수고를 대신합니다. 사건의 전후 과정을 말끔하게 진단하고 논평까지 해 줄 테니 굳이 생각하지 말고 언론이 하는 이야기를 받아들이라고 하지요. 플로베르(1821~1890)가 살던 시대에서 몇백 년이 더 흘렀는데 그의 지적이 새삼스럽지 않습니다.

오늘날 언론의 환경도 과거와는 매우 다르게 바뀌었습니다. 사건이 일어나고 몇 시간 혹은 며칠이 지나서야 알게 되던 과거와 다르게 사건은 거의 실시간으로 보도됩니다. 1면부터 순서대로 넘기며 살펴봐야 했던 종이 신문의 자리는 휴대폰, 컴퓨터가 차지했지요. 사람들은 빠르게 사건을 공유하고, 또 보고 싶은 것들만 골라서 읽을 수 있는 시대가 되었습니다. 그래서 우리는 과거보다 정말 더 많이 알게 되었을까요? 하루에도 헤아릴 수 없이 많은 일들이 일어나는 세상인데 뉴스 기사들은 어제와 오늘이 비슷하고, 방송 뉴스의 보도 순서 또한 비슷하다는 점은 뭐라고 설명해야 할까요? 결국 언론이 우리에게 전달하는 것은 비슷하고도 정돈된 사건과 생각입니다. 그리고 많은 사람들은 사건을 '알게 된 것'에 만족합니다. 게다가 파파라치들이 포착한 자극적인 장면을 주로 전하는 매체들 때문에 타인의 고통을 다루는 뉴스는 빠르게 잊히기도 합니다.

1974년 2월 24일 일요일 12시 15분. 『차이퉁』 지의 기자였던 퇴트게스가 살해당합니다. 범인인 카타리나 블룸은 7시에 발터 뫼딩 경사의 집을 방문해 살인 사실을 말하고 자신을 체포할 것을 요청합니다. 살해 뒤 6시간 45분 동안 후회의 감정을 느껴 보기 위해 노력했지만 조금도 후회되는 바가 없다고 말하면서 말이지요. 블룸에겐 어떤 일이 있었던 것일까요? 『차이퉁』 지가 전한 블룸의 소식은 이렇습니다.

살인범 약혼녀 여전히 완강! 괴텐의 소재에 대한 언급 회피! 경찰 초비상!

완강, 회피, 초비상과 같은 단어를 써서, 문제가 매우 심각하다는 것을 강조하고 있습니다. 하지만 블룸은 카니발에서 우연히 루트비히를 만나 사랑에 빠졌고 그를 도왔습니다. 물론 그가 루트비히의 범법 사실을 안 뒤에도 도운 것에는 변명의 여지가 없습니다. 하지만 『차이퉁』 지가 전한 것처럼 블룸이 그의 약혼녀이거나 테러리스트였던 것은 아닙니다. 블룸은 그저 매우 매력적이고 성실하고 정직한 가정부였습니다. 사건 발생 후, 그녀의 집에서 발견된 고가의 반지와 그녀의 침묵은 사람들의 상상을 자극했지요. 『차이퉁』지는 사람들의 이 상상을 확신으로 바꿉니다. 신문이 그녀의 아파트를 성을 매수하던 장소로 보도했으니까요. 그 밖에도 그녀의 성격, 경제, 가족의 이야기 등 사건과 직접적으로 관련이 없어 보이는 일들도 시시콜콜 전하지요. 인터뷰의 내용을 주관적으로 왜곡하면서 말입니다. 이제 『차이퉁』 지의 기사를 읽은 이들은 그녀가 용의주도하게 범행을 계획하고 남자들을 유혹하여 돈을 모은 여자로 알게 됩니다. 조사를 마치고 돌아온 그녀의 아파트 우편함에 담긴 음탕한 섹스 광고, 종교적인 경고, 삶을 위협하는 우편물들은 그런 오해를 증명하고 있지요.

그녀는 퇴트게스 기자를 찾아가 왜 그렇게 기사를 썼는지, 정말 그렇다고 믿는지 물어보고 싶습니다. 하지만 그는 그녀의 이야기를 귀담아듣지 않습니다. 오히려 그녀에게 추근거리며 다가옵니다.

탕!

그녀의 분노가 퇴트게스를 향해 날아갑니다. 살해를 계획한 것은 아니지만 퇴트게스를 향한 분노가 발사된 것입니다. 우리는 이 이야기를 통해 확인하지 않은 혐의를 확신하며 전하는 일이 폭력과 다름없음을 깨달을 수 있습니다. 더구나 공적인 매체들이 전하는 소식들은 더욱 그렇고요. 정치, 사회, 경제 등 우리 삶에 당장은 영향을 미치지 않지만 결국 영향을 미치게 될 사건들이 어떻게 전달되는가가 매우 중요합니다. 스스로 생각하지 않는 독자는 언론을 믿고, 혐의를 확신한 퇴트게스처럼 마음대로 세상을 진단할 테니 말이지요. 그런데 이런 일들이 언론과 같이 공적인 매체만의 일일까요? 아닙니다. 무조건적인 긍정이나 부정은 사람들이 모여 있는 곳이라면 어디에서나 일어나지요. 앞선 이야기에서 지원이가 승원이를 의심하고 확신에 이르기까지의 근거는 매우 약합니다. 하지만 스스로 확실하다고 믿는 순간 타인에게 강하게 주장하고 말지요. 그리고 더 이상 알려고 하지도 않습니다. SNS를 떠도는 근거 없는 확신들도 있습니다. 의사도 고칠 수 없다는 각종 불치병을 고친 마법의 약에서부터 ○○녀, ○○남 등의 유행어 아닌 유행어를 만들며 한 사람의 신상을 순식간에 드러내기도 합니다. 소설에서처럼 우리 사회에는 혐의를 받는 자들이 가득합니다. 하지만 혐의를 확인하기까지는 많은 시간이 필요합니다. 반면 속도가 생명인 언론은 성급하게 결론을 내려서라도 사람들의 이목을 집중시켜야 합니다. 그래야 판매 부수나 시청률을 올리고 이윤을 취할 수 있을 테니까요.

처음에 가졌던 의문을 다시 떠올려 볼까요?

뉴스는 누구에 의해, 무엇을 위해 만들어지는 것인지, 뉴스를 통해 알게 되는 것은 무엇이며 어떤 변화를 경험하였는지를 말입니다. 뉴스는 늘 사실만을 전달해 주지 않습니다. 때때로 국가가 나서지 못하는 일들을 대변하거나 사람들의 마음을 자극하여 분노를 옮겨 갈 대상을 만들어 주기도 합니다. 물론 모든 언론이 다 그러한 것은 아닙니다. 여전히 사실을 제대로 알리기 위해 노력하는 언론사들이 있고, 양심을 지키기 위해 노력하는 기자들도 있습니다. 하지만 어느 편이든 '확신'을 가지기 위해서 충분한 시간과 증거가 필요함을 잊지 않아야겠지요. 그리고 어느 편이 올바른지 확인하는 일은 여러분의 몫입니다. 『차이퉁』 지에 실린 카타리나 블룸의 소식을 보았을 때 이것을 전부 진실이라고 믿을 것인지, 의심하고 확인할 것은 없는지를 말이지요. 여러분에게 필요한 것은 하나의 편을 정해 확신하는 게 아니라 양쪽을 오가며 제대로 확인하고 판단하는 일입니다.

마음 엿보기

확신

: 굳게 믿는 마음. 그러나 세상에 과연 '굳게' 믿을 수 있는 게 있을지는 의문이다.

귀스타프 쿠르베, 〈절망적인 남자〉, 1844~1845, 개인 소장

천사는 어떻게 생겼을까요? 곱슬거리는 황금빛 머릿결과 도자기처럼 하얀 피부, 통통한 몸매에 귀여운 날개를 가지고 있을까요? 퍼뜩 머릿속을 스치는 이 이미지들은 아기 천사라고도 불리는 퓨토의 모습이지요. 하지만 천사를 만나 본 적이 없는 우리에게 새겨진 이 이미지들은 서양화를 통해 전해진 것일 뿐 진짜 천사일 리 없습니다. 이렇듯 본 적도 없는 천사는 꽤 오랫동안 많은 사람들에 의해 그려졌습니다. 그런데 귀스타프 쿠르베는 천사를 그려 달라는 주문자의 요구에 "천사를 데리고 오시오. 그럼 그릴 테니"라며 그릴 수 없는 이유를 딱 잘라 말합니다. 자신이 본 것이 아니어서 그릴 수 없다는 쿠르베에게 본다는 것은 어떤 의미였을까요? 자신의 마음이 변화할 때마다 그렸다는 자화상은 우리에게 본다는 것이 얼마나 힘든 일인지 살짝 보여 주려는 듯합니다.

부릅뜬 두 눈이 가려질 것이 걱정되었는지 그는 두 손으로 머리카락을 움켜쥐고 있습니다. 튀어나올 듯한 눈으로 바라보는 정면에는 화가 자신이 있었겠지요. 과연 그림 속 그와 그림 밖의 그는 같을까요? 실존의 의미를 운운하기 어렵겠지만 아무리 생김새를 같게 그려도 그의 본질을 화폭에 다 담아내는 일은 무척이나 어려운 일이겠지요. 그렇다면 애당초 정확하게 본다는 것은 불가능한 일이지 않을까요? 그림 속 그의 눈빛이 슬픈 까닭도 이와 무관하지 않겠지요.

한 사람의 외면과 내면을 표현하고, 읽어 내는 일도 쉽지 않은데, 수많은 사람들이 관계를 맺고 살아가는 세상의 이야기를 정확하게 읽어 내는 일은 정말 어렵고 조심스러운 일이겠지요. 서로의 이해관계가 다르고 세상을 바라보는 관점도 다를 테니까요. 그럼에도 텔레비전이나 인터넷에서 봤다며 대중 매체들이 쏟아 내는 검증되지 않은 이야기들은 사람들에게 확신을 심어 줍니다. 유행처럼 나타났다 사라지는 각종 건강 관련 소식들과 유명인들의 스캔들은 사람들의 호기심을 자극하고 때로는 분노를 유발하기도 합니다. 카타리나 블룸의 이야기처럼요.

『차이퉁』 지가 전해 준 외설적이면서도 자극적인 소식은 사람들의 호기심을 자극했고, 분노를 유발했지만 아마 또 다른 사건이 일어나면 블룸은 곧 잊히겠지요. 물론 블룸은 돌이킬 수 없을 만큼 상처받았겠지만 말입니다. 하지만 확인 없이 오해하고 확신하며 분노하는 일들이 언론을 통해서만 일어날까요? 주변의 친구들, 나는 잘 모르는 사람들 사이의 말에서 비롯되는 경우도 흔합니다. 마치 앞에서 만났던 지원이가 별다른 근거 없이 승원이를 오해하고 이를 확신하며 민경이에게 이야기하듯 말이지요.

혹시 여러분 자신이 누군가에게 이런 상처를 주었거나 누군가에게 이런 상처를 받았던 적은 없나요? '~하더라'로 끝나는 이야기를 '~확실해'로 듣거나 전달한 경우 말이지요. 이런 실수를 하지 않으려면 눈을 부릅뜨고 자신과 마주하는 쿠르베와 같은 노력이 필요합니다. 때때로 절망적일 수도 있지만 남들의 생각과 말을 아무 비판 없이 받아들이는 것이 아니라 스스로 생각하고 확인하는 힘을 길러야 여러분이 만날 세상도 제대로 볼 수 있기 때문이지요.

11

갑질 사회에서 살아남기

열두 명이 제각기 분노에 찬 음성으로

고함을 치고 있었는데

그 목소리들이 모두 똑같았다.

『동물농장』, 조지 오웰, 1945

(문학동네, 2010, 123쪽)

미라 : 너 어제 승호 프사 봤어?

승희 : 봤지, 봤어. 완전 금수저티 팍팍 냈더라.

미라 : 꼭 그렇게까지 티를 내야 하나 싶지만 금수저는 금수저니까.

승희 : 그래, 평소에 입고 다니는 옷값만 해도 장난 아니지.

미라 : 옷값뿐이겠냐. 어제 사진 보니까 콘서트 장에서도 VIP석에 앉았던데.

승희 : 우리 같은 애들은 근처도 못 가 볼 곳이네.

미라 : 그런데 좀 분하지 않아?

승희 : 왜? 부모 잘 만나 그러는 건데 뭘 분하기까지 하냐.

미라 : 그게 아니라, 걔네 아버지 회사에 우리 아빠도 다니시잖아. 막말로 우리 아빠가 일해서 먹여 살리는 거 아니야?

승희 : 뭐? 비약 쩐다. 너네 아빠 같은 분이 수천 명일 거야. 내버려 둬. 걔는 어차피 우리한테 관심도 없고, 알지도 못할 텐데 뭘? 괜히 힘 빼지 마.

미라 : 걔가 사는 세상이랑 내가 사는 세상은 너무 다른 거 같아. 으, 근데 왜 그래야 하는 거냐구!

● 여기 만 원이 있습니다. 누군가에게는 대수롭지 않은 금액일 수 있고, 또 누군가에게는 한 시간을 꼬박 일해도 받을 수 없는 금액일 수 있습니다. 만 원이라는 돈 앞에서 나의 세상과 그들의 세상을 마주하게 됩니다. 거기에 텔레비전, 인터넷 뉴스, SNS까지 보태지면 나의 삶이 다른 이들에 비해 '참 별 볼 일 없구나'라는 생각이 들어 씁쓸하기도 합니다. 하루에 수천만 원이 넘는다는 호텔에 아무렇지 않게 머무는 사람들, 세계 0.1퍼센트의 슈퍼리치들의 삶을 소재로 삼는 뉴스들을 보면 가까이 갈 수 없는 그들만의 삶이 따로 있음을 인정하지 않을 수 없지요.

하지만 나와는 다른 그들의 삶이 과연 나와 별개로 존재할 수 있을까요? 여러분이 사서 쓰는 물건을 만드는 회사의 대표가 얻는 부유함은 수많은 사람들이 물건을 만드는 노동을 하고, 물건을 사는 소비를 했기에 가능한 것이지요. 지금 미라가 느끼는 왠지 모를 분함은 마치 그들이 자신들의 힘만으로 부유함을 이룬 것처럼 행세하기 때문은 아닐까요? 혼자만의 힘으로 할 수 있는 건 하나도 없으면서 말이지요. 그럼 누군가는 이렇게 말하겠지요.

"현실이 그런 걸 어떻게 해? 다른 방법 있어?"

그렇습니다. 다른 방법은 딱히 떠오르질 않습니다. 그럼, "그럼 어떻게 하자는 거죠?"라고 묻겠죠. 자본의 힘이 점점 거세지는 오늘날의 상황에서 누군가의 노력으로 인해 다른 누군가가 배부르게 지내는 일은 계속되겠지만 나와 그들의 세상을 나누고, 갑과 을의 관계를 나눠서 한쪽에게만 늘 복종하기를 강요한다면 너무 절망적이지 않을까요? 그들이 자신들의 세상을 양보하게 만들 방법은 정말 없는 걸까요?

늙은 수퇘지 메이저는 생산은 하지 않고 소비만 하는 인간을 '적'이라고 말합니다. 많이 생산하고도 배불리 먹지 못하는 이유가 바로 소비만 하는 인간 때문이라고 본 것이지요. 그런 까닭에 메이저가 말한 '반란'은 매우 필요해 보입니다. 이제 메이저의 가르침대로 반란을 일으킨 동물들은 모든 동물이 평등하고 평화롭게 살 수 있는 세상을 꿈꾸며 '동물 농장'을 이룹니다.

하지만 이야기는 잘 알려져 있는 대로, 평등한 세상을 꿈꾸었던 동물들의 반란이 어떻게 실패하는가를 보여 줍니다. 반란이 있었고, 동물들은 농장 주인이던 존슨에서부터 일꾼들까지 모든 사람들을 몰아내는 데 성공합니다. 이제 자신들이 생산한 것을 몽땅 가질 수 있다는 생각에 더욱 열심히 일하지요. 하지만 시간이 지나도 그들의 삶은 존슨 때와 별로 달라지지 않습니다. 우유와 사과를 차지한 돼지들이 어느새 농장의 생산물 대부분을 차지하기 때문입니다.

스노볼과 나폴레옹의 싸움에서 스노볼이 밀리고 새로운 권력을 갖게 된 나폴레옹은 자신을 지키는 개들과 달변가 스퀼러를 앞세워 점점 농장의 동물들에게 더 많이 생산할 것을 강요합니다. 정작 자신들은 아무 일도 하지 않으면서 말이지요. 동물들은 어렴풋이 불안감을 느끼지만 어떻게 저항해야 할지 모릅니다. 오히려 저항을 시도했다가 개들에게 뜯기는 다른 동물들의 모습에서 공포만을 느낄 뿐이지요. 네 발로 걷던 돼지들은 이제 인간처럼 두 발로 서 한 손에 채찍을 들고는 동물들에게 더 적게 먹고, 더 많이 일할 것을 강요합니다. 필킹턴과 프레더릭 같은 다른 농장의 주인인 인간들과 어울리던 돼지들은 어느새 인간처럼 행동합니다. 반란을 통해 인간을 몰아내고 동물이 주인이 되는 농장을 꿈꾸었던 메이저의 바람과 달리, 이 농장은 인간 존슨 대신 돼지 나폴레옹으로 주인만 바뀌어 버리고 만 것이지요.

농장의 주인이 바뀌는 사이 동물 농장이 처음 만들어졌을 때 세운 일곱 개의 계명도 조작되거나 지워집니다. 모두 일곱 개였던 계명 중 남은 단 하나의 계명은 '모든 동물은 평등하다. 그러나 몇

몇 동물은 다른 동물보다 더 평등하다'였습니다. 물론 그 몇몇 동물은 돼지들이겠지요.

자신들의 노동으로 일군 것을 함께 나누며 평화롭게 삶을 마감하기를 바랐던 동물들의 꿈은 어느새 사라져 버렸습니다. 기록이 어떻게 지워지고 조작되는지에 크게 관심을 두지 않은 사이 농장은 이제 돼지와 돼지가 아닌 것으로 구분됩니다. 추위와 배고픔에 돼지를 찾아간 동물들은 기가 막히는 장면을 보고 맙니다. 돼지들이 사람처럼 두 발로 걷고, 사람들과 어울려 술을 마시고, 거래를 하고, 카드 게임을 하고 있었으니까요.

이 광경을 본 동물들은 이제 어떤 선택을 할 수 있을까요? 처음 그들이 인간이 인간 존슨을 몰아낸 것처럼 돼지들을 몰아내는 반란을 또 해야 할까요? 아니면 몰리처럼 농장을 탈출해야 하는 걸까요? 그것도 아니라면 그저 순응하며 적게 먹고 많이 일해야 하는 걸까요?

소설 역시 어떤 결론도 내리지 못한 채 마무리되고 맙니다. 이 문제에 대한 해답은 독자들의 몫이겠지요. 하지만 갈등과 다툼, 의심과 폭력은 남은 동물들 사이에서 다시 벌어지게 되리라는 예상은 어렵지 않지요.

이쯤 되면 '휴, 다행이야. 우리에겐 최소한 나폴레옹 같은 존재는 없잖아. 일한 만큼 돈도 받고'라고 생각하는 친구들이 있을지도 모릅니다. 정말 나폴레옹 같은 존재가 없는지, 일한 만큼 제대로 돈을 받고 있다고 생각하는지, 그리고 세상이 정말 공평해졌는지는 의심조차 안 해 보고 말이지요.

'갑질'이라는 단어가 있습니다. 이 말 안에는 이미 '갑'이 권력을 가진 자라는 의미가 담겨 있지요.

그럼 이런 '갑'의 권력은 어디에서부터 나오는 것일까요? 깊게 생각해 보지 않아도 '돈', 즉 '자본'임을 알 수 있습니다.

하지만 오늘날의 '자본'은 나폴레옹처럼 무시무시한 개를 앞세워 공포에 떨게 하거나 돼지 '스퀼러'를 앞세워 현혹하지 않습니다. 사람들의 삶에서 한 걸음 물러나 자신의 존재조차 드러내지 않지요. 그럼에도 사람들은 누구나 열심히 일합니다. 그것도 자발적으로 말이지요. 사람들이 열심히 노동하는 데에는 많은 돈을 벌기 위한 목적도 있지만 대부분은 바로 지금 당장 돈을 벌지 않으면 살아가기 힘들기 때문입니다.

오늘날의 자본은 이렇게 맨얼굴을 드러내거나 무섭게 다그치지 않으면서도 먹고사는 문제를 손아귀에 움켜쥐고 있습니다. 하여, 사람들은 그저 열심히 일할 수밖에 없습니다.

물론 세상에는 하루에 수천만 원이 넘는 스위트룸에서 휴가를 즐기고, 매일 차를 바꿔 타고, 섬 하나를 통째로 사는 사람들도 있습니다. 자본은 이들에게 매우 친절한 얼굴을 합니다. 그리고 어느새 모든 인간은 평등하다는 생각 따위를 못하게 만들어 버리지요. 동물 농장의 계명을 빌려 표현하자면, '모든 인간은 평등하다. 하지만 몇몇 인간은 더 평등하다' 정도가 되겠지요.

앞선 이야기에서 미라의 '어쩐지 분한' 느낌도 바로 이런 데서 오는 게 아닐까요? 모든 인간이 평등하지는 않은 것 같다는 느낌 말이지요. 농장의 동물들이 느낀 막연한 불안감 또한 별반 다르지 않겠지요. 열심히 일하는 사람과 그 사람의 노동으로 먹고사는 누군가의 부유한 삶이 비교되는 순간, 행복하다는 느낌은 저 멀리 사라지고 말 테니까요.

그럼 이제 우리는 어떻게 해야 하는 걸까요? 어떻게 해야 이 분함을 조금이라도 누그러뜨릴 수 있을까요? 아마도 그것은 '아는 것이 힘이다'라는 이 오래된 명언에서 답을 찾을 수 있을 것 같습니다. 글자를 몰라 계명을 깨우치지 못한 동물들은 돼지들이 적어 놓은 계명이 조작되고 지워지는 사이에도 아무런 눈치를 못 챕니다. 그런가 보다 하는 사이 세월은 흐르고, 결국 자신들이 가진 것을 모두 잃고 말았지요.

조지 오웰의 다른 대표작인 『1984』에도 신어를 만들어 내고 기존의 어휘를 없애는 장면이 등장합니다. 언어가 없다는 것, 혹은 모른다는 것은 표현할 수 있는 수단을 잃어버리는 것과 마찬가지인 것이지요. 그러니 우리는 알아야만 합니다. 조작과 삭제, 그로 인해 기억마저 수정해 버리려는 시도에 맞서기 위한 첫 번째 단계는 아는 것입니다. 만약 모든 동물들이 계명을 읽을 수 있었다면 돼지들의 횡포는 쉽지 않았을 것입니다.

자본 앞에 우리들은 소비자로서 그리고 노동자로서의 의식과 권리를 정확하게 알아야 합니다. 일을 하기 앞서 근로계약서를 쓰고, 소비자를 우롱하는 회사의 제품에 대해서는 단호하게 'NO'를 외칠 수 있어야 합니다. 필요하지 않은 소비를 부추기는 각종 광고들의 유혹, 다른 사람들과의 비교에서도 자유로워져야 하겠지요. 소비자가 똑똑해져야 자본도 움찔하게 될 테니까요. 정확하게 안다는 것은 매우 강력한 힘입니다. 하지만 오늘날에는 과연 진실이 무엇일까를 혼동하게 할 만큼 많은 정보들이 쏟아집니다. 어떤 정보는 스퀼러처럼 자본가의 입맛에 맞는 정보를, 또 어떤 정보는 쫓겨난 스노볼처럼 동물을 위한 정보이기도 합니다. 그러니 과장되고 왜곡된 정보와 진실에 가까운 정보 사이에서 제대로 알기 위한 노력이 바로 오늘날 돼지가 아닌 우리 인간들이 할 수 있는 일이지요.

마지막으로 승희가 보였던 '괜히 엮였다가 골치만 아파질 일'이라는 생각도 변화가 필요하겠지요. 작품 속에서 글자를 읽지 못했던 벤자민이 조금 더 빨리 동물들에게 사실을 알려 줬더라면 평생 온 힘을 다해 일하다가 도살장으로 끌려간 '복서'의 비참한 삶이 조금은 달라질 수 있었을지도 모르니까요.

우리는 '풍차가 있든 없든 삶이란 언제나처럼 고생스러운 것' 이라는 동물들의 말이 허투루 들리지 않는 세상을 살고 있습니다. 열심히 일하는 것 같은데 두 손에 쥐어지는 것은 별로 없으니 괜히 분하기도 합니다.

이 분함을 어떻게 이겨 나갈 수 있을까요? 어떻게 해야 자본이라는 녀석이 슬금슬금 우리들의 눈치를 보게 될까요?

그 방법은 '아는 것', 그것도 정확하게 아는 법밖에 없지 않을까요? 처음에는 아주 미약하더라도 말이지요.

마음 엿보기

억울함

: 내가 한 것이 아닌 일로 누군가에게 야단을 맞거나 피해를 보는 경우에 가슴이 답답해지고 화가 치밀어 오르는 마음. 이 마음 안에는 분노가 아닌 억울함이 자리하기도 한다.

피테르 브뤼헐, 〈교수대 위의 까치〉, 1568, 다름슈타트 헤센주립미술관

그림의 배경이 되는 교수대로 사람들이 춤을 추며 올라오고 있습니다. 춤을 추며 교수대로 향하는 이들을 이해하기란 쉽지 않지요? 과연 이들에게는 어떤 사연이 있는 걸까요? 혹시 이들의 춤이 교수대 위에 늠름하게 앉아 있는 까치와 관련이 있는 것은 아닐까요? 까치는 혹시 춤추지 않는 자가 있는지 살펴보고 있는 것은 아닐까요?

작품 속 시대는 종교 개혁이 한창이던 시절이었습니다. 자신들과 믿음이 다른 이들을 발견하면 서로 고발하며 죽음으로 몰아가던 시기이지요. 어쩌면 춤을 추는 이들은 혹시나 자신들의 속내가 들킬까 안절부절못하고 있을지도 모르겠네요. 삶과 죽음이 갈리는 교수대로 향하며 '나는 아니야. 이렇게 춤을 추고 있잖아' 하면서 말입니다. 스파이, 밀고자의 상징인 까치는 이들의 움직임을 주시하며, 저들 중에 거짓 믿음을 가진 자를 찾아내려는 것일지도 모르겠습니다.

『동물 농장』에도 까치와 비슷한 갈까마귀 모세가 있고, 그들에게 죄를 만들어 뒤집어씌우는 달변가 스퀼러도 있었습니다. 개들은 주인의 명령에 따라 동물들을 물어뜯기도 하지요. 자기들도 같은 동물이면서 말이에요. 공포와 위협 속에서 동물들은 혹사당했고, 무지했던 탓에 기억이 수정되는 일을 겪습니다. 이런 까닭에 농장의 동물들은 어딘가 불안하고, 분하고, 또 억울하지만 어디서부터 잘못된 것인지 알기 어렵습니다.

미라가 승호에 대해 느끼는 분함도 비슷한 마음이지요. 열심히 일하며 살아가는데 그럼에도 불구하고 비교되는 삶에 대해서는 충분히 이해되지 않기 때문입니다. '왜 그들이 사는 세상과 내가 사는 세상은 다르지?'라는 의문만 생겨날 뿐이지요. 하지만 그 마음을 좀 더 헤아려 보면 혹시 미라는 승호를, 동물들은 돼지들의 삶을 질투하고 있는 건 아닐까요? '내가 저 자리에 있었어야 하는데' 하고 생각하는 건 아닐까요? 만약 그렇다면 그 마음 깊은 곳에는 시기심으로 가득 차 있을 거예요. 하지만 그게 아니라면 정당한 이유를 찾아 설명해야겠지요. 정당한 이유가 있음에도 불구하고 당한 것 같은 느낌이 바로 '억울하다'는 심정일 테니까요. 하지만 계명을 읽을 수 없었던 동물들과 벤자민의 침묵은 억울한 마음을 표현할 적당한 방법을 찾지 못했습니다.

이제 돼지 나폴레옹이 사라지고 '자본'이 세상의 주인이 되었습니다. 자본은 나폴레옹처럼 개를 앞세워 무섭게 하지는 않습니다. 밥을 굶든, 몸이 아프든 돈이 없다면 아무것도 해 주지 않을 뿐이지요. 무섭지 않게, 하지만 철저하게 외면합니다. 사람들은 이때 '뭔가 잘못된 것 같은데, 이상하게 당하고 있는 것 같은데' 하면서도 이를 표현할 적당한 말과 행동할 적당한 몸짓을 찾지 못하고 '억울하다'고 말합니다. 하지만 억울하다는 마음만으로는 해결될 수 있는 문제는 어디에도 없습니다. 억울하게 만든 이유를 찾아 말할 수 있어야 합니다. 그렇기 때문에 우리는 권리와 의무, 그리고 친절의 탈을 쓴 자본의 양면도 알아야 합니다. 그렇게 애를 써도 겨우 조금 덜 억울하게 살아갈 수 있을 뿐이지만 말이지요. 하지만 이조차도 하지 않는다면, 삶과 죽음이 갈리는 교수대로 올라가는 사람들처럼 서로 눈치 보며, 마음에도 없는 춤을 추면서 살아갈 수밖에 없겠지요.

12

우리를 움직이게 하는 힘

그의 희망을 파괴하긴 했으나,

나 자신의 욕망은 충족시킬 수가 없었다.

영원히 뜨겁게 달아오를 허기진 욕망이었다.

『프랑켄슈타인』, 메리 셸리, 1818

(문학동네, 2012, 301쪽)

혜경 : 나한테 어떻게 이럴 수 있어?

민아 : 내가 뭘?

혜경 : 네가 애들한테 내 얘기 이상하게 하고 다닌다던데?

민아 : 누구한테 뭘 듣고 와서 이러는 거야?

혜경 : 내가 중학교 때 애들 왕따시키고 괴롭혔다고 얘기하고 다닌다며. 은희가 그러더라.

민아 : 아무한테도 말하지 말라 했는데. 뭐 따지고 보면 아주 거짓말도 아니잖아!

혜경 : 뭐? 그게 말이 돼? 내가 언제 애들을 괴롭혔다고 그래?

민아 : 언제냐고? 중학교 때! 너도 지금 나처럼 친구들한테 이상한 소문내서 내가 왕따당했던 거 기억 안 나?

혜경 : 너, 지금 그때 일 때문에 나한테 이러는 거야?

민아 : 그때 일? 넌 벌써 모두 잊어버린 거지? 내가 얼마나 힘들었는지 알기나 해?

혜경 : 어이가 없어서. 그러면 넌 그동안 나한테 일부러 친한 척한 거야? 고작 그때 일 복수하려고?

민아 : 고작 그때 일? 너 말, 참 쉽게 한다!

● 함무라비 법전에는 '이에는 이, 눈에는 눈'이라는 내용이 담겨 있지요. 내가 잃은 만큼 너도 잃어야 한다는 논리의 이 문구는 언뜻 보면 공평하다는 생각이 들 수 있습니다. 하지만 용서와 이해의 측면에서 본다면 이처럼 무서운 구절도 없습니다. 왜냐하면 이 말에는 용서도 없고, 다시 돌이켜 볼 기회도 없기 때문이지요. 만약 용서도, 다시 돌이켜 볼 기회도 없는 세상을 살아간다면 어떻게 될까요? 사람들은 언제나 타인을 경계하며 살아가지 않을까요? 자신이 입는 작은 손해도 참지 않으면서 말이지요.

이제 민아와 혜경이의 사연을 들어 봅시다. 이들은 중학교 때부터 친구였고, 겉보기에는 둘도 없는 단짝입니다. 하지만 이 둘은 쉽게 지워지지 않을 상처를 주고받았습니다. 민아는 혜경이가 예전에 자신에게 그랬던 것과 똑같은 방법으로 혜경이에게 상처를 주었으니까요.

우리는 민아가 품은 마음의 정체를 '복수심'이라는 말로 표현할 수 있습니다. 내가 받은 만큼 돌려주려는 마음이지요. 헤아릴 수 없을 만큼 많은 예술 작품들이 이 마음을 다루었지만, 타인의 불행을 기원하는 이 마음으로는 절대 나의 행복에 도달할 수 없음도 보여 주었지요. 그렇다고 자신의 슬픔과 분노를 참으라고 강요할 수만은 없습니다. 그럼 어떻게 하면 좋을까요? 앞으로 더욱 복잡해질 민아와 혜경의 관계를 예측하며 프랑켄슈타인의 이야기를 만나 보아요.

학교를 다니며 이해되지 않던 것 중 하나는 뜨거운 여름에도 운동장에 나가 농구를 하는 남학생들이었습니다. '도대체 쟤들은 가만히 있어도 더운 날 굳이 운동까지 하고 싶은 걸까' 생각했지요. 하지만 그렇게 뛰고 돌아오는 남학생들의 표정에는 더 뛰지 못한 안타까움이 있을 뿐, 더위에 대한 짜증은 찾아보기 힘들었지요. 반대로 체육 시간에도 나가지 않고 교실을 지키겠다는 여학생들을 바라보는 남학생들의 눈빛에도 '이해 불가'라고 적혀 있기는 마찬가지였습니다. 운동장이라는 같은 공간을 두고 남녀 학생이 이처럼 차이를 보이는 이유는 무엇일까요?

심리학에서는 어떤 행동을 일으키는 요인을 '동기'라고 합니다. 남학생들이 더위에도 불구하고 운동장으로 나갔던 이유는 움직이고 싶다는 강한 동기가 있기 때문이겠지요. 물론 그런 동기가 전혀 없던 여학생들에게는 이해받지 못했지만 말입니다. 같은 시간, 비슷한 공간에 있어도 어떤 동기를 가지고 있는가는 이처럼 다른 풍경을 만들어 냅니다. 누군가가 시켜서 하는 것보다 자신이 정말로 원해서 무엇인가를 할 때 더욱 높은 성취를 이루는 이유도 '동기'라는 말로 설명할 수 있겠지요. 이렇게 본다면 우리를 움직이게 하는 힘은 위협이나 폭력과 같은 외부적인 압력이 아니라 바로 우리의 내면에서 나온다는 것을 알 수 있습니다. 자, 그럼 지금 여러분을 움직이게 하는 힘은 무엇인가요? 내일에 대한 희망과 열정인가요? 아니면 사랑인가요? 그도 아니면 누군가에 대한 원망, 분노, 시기와 같은 마음인가요?

『프랑켄슈타인』은 지금 우리를 움직이게 하는 마음이 무엇인지 들여다보라고 이야기합니다. 우리의 오해와 달리 프랑켄슈타인은 괴물이 아닙니다. 그는 우리가 알고 있는 괴물을 만든 장본인입니다. 물론 그를 괴물로 혼동하는 것은 1931년에 만들어진 동명의 할리우드 흑백 공포 영화에서 시작되었을 테지만, 글을 읽는 내내 누가 진짜 괴물인가 의심하는 일은 계속됩니다. 프랑켄슈타인 박사는 생명 탄생의 비밀을 밝히고 싶어 했고 끝내 비밀을 풀었지만 그가 붙인 생명의 불꽃은 생명이 아니라 죽음의 불꽃이 되고 맙니다. 왜냐하면 그의 창조물들이 그의 소중한 가족과 친구를 모두 죽이기 때문이지요. 하지만 그의 창조물이 처음부터 사람들을 죽였던 것은 아닙니다. 큰 키, 치렁거리는 검은 머릿결, 그 사이로 보이는 노란 눈빛은 사람들의 공포를 자아내기에 충분했습니다. 늘 이 공포가 앞섰기에 그의 선한 마음은 이해받지 못했고 외면당했지요. 결국 그는 자신을 버린 프랑켄슈타인 박사를 원망하며 복수를 결심합니다. 프랑켄슈타인 박사 역시 자연 과학에 심취하여 생명 탄생의 비밀을 밝히려던 자신의 광기가 괴물과 다름없음을 인식합니다. 이성을 잃은 광기가 사람을 죽이는 괴물을 창조한 것이라 여기는 것이죠. 이제 사랑하는 동생 윌리엄, 친구 클레르발, 사촌이자 연인인 엘리자베트를 모두 괴물에게 잃고 난 뒤 프랑켄슈타인 박사는 괴물과의 추격전을 시작합니다. 괴물에 대한 박사의 복수심이 아니었다면, 서로의 불행을 위해 쫓고 쫓기며 북해의 얼음 빙판까지 이르는 추격전은 사람으로서는 불가능한 여정일 것입니다. 결국 쇠약해진 몸은 그를 죽음으로 이끕니다. 사랑하는 이들을 모두 잃고 병들어 죽은 박사의 시신 앞에선 괴물은 이제 행복했을까요? 그토록 바라던 일이 이루어진 지금, 괴물은 이제 자신이 겪은 괴로움을 고백합니다. 악행으로 인해 자신 또한 힘들었다고 말이에요. 그래도 멈출 수 없었던 것은 박사가 자신의 불행을 모른 척하고 혼자만의 행복을 찾으려는 모습에 분노했기 때문이라고요. 심리학의 동기를 다시 인용하자면, 그를 움직이게 한 힘은 또한 타인에 대한 분노와 함께 상대방도 똑같이 상처받길 바라는 복수심이었던 것이지요.

우리를 움직이게 하는 내면의 힘이 무엇인지 묻지 않을 수 없습니다. 만약 그 힘이 타인의 상처와 불행을 바라는 마음에서 시작된다면 우리가 살아가는 세상은 그야말로 이런 괴물투성이의 시대가 되고 말 것이기 때문입니다.

예상하겠지만 이 이야기에 승자는 없습니다. 박사가 괴물보다 먼저 죽었으니 괴물의 승리라고 생각할 수도 있겠지요. 하지만 박사의 시신 앞에서 괴로워하는 그의 모습을 보면 그가 박사의 죽음을 기뻐하지만은 않았음을 알 수 있습니다. 괴물 역시 삶의 동력인 복수심이 향해야 할 곳을 잃어버리고 말았으니까요.

민아와 혜경이의 복수극 또한 하루이틀 사이의 문제가 아니고, 또한 앞으로 어떤 일이 벌어질지는 알 수 없습니다. 서로에 대한 악의가 계속된다면 상대에게 상처를 입힌 만큼 자신에게도 상처가 되겠지요. 더구나 혜경이는 자신이 과거에 한 행동에 대해 미안하다고 사과하지도 않았고, '고작 그런 일'이라고 말해 민아를 더욱 화나게 만들었습니다. 민아와 혜경이의 복수는 아마도 서로를 향해 계속 겨누어지겠지요. 물론 이 과정에서 민아와 혜경이의 상처가 더욱 깊어지리라는 건 불을 보듯 뻔한 일입니다.

그럼 민아와 혜경이가 거짓으로 서로를 속이고 상처를 주는 까닭은 무엇일까요? 물론 거짓말을 한 행동의 동기는 '복수하고 말테야'와 같은 마음에서 시작되었겠지만, 친구의 배신과 오해가 억울하기도 했을 거예요. 그녀들이 서로에게 상처가 되는 것을 알면서도 찾고 싶은 것은 '예전의 나'이거나 '친구들의 마음'이 아닐까요. 하지만 복수를 위한 행동으로 그녀들이 찾을 수 있는 것은 거의 없습니다. 민아나 혜경, 프랑켄슈타인과 괴물은 상대방이 상처받기를 바라는 마음으로 움직였습니다. 하지만 그 반대편의 마음에는 자신의 상처가 얼마나 큰지 이해받기를 바라는 마음, 자신의 존재를 인정하고 사랑해 주길 바라는 마음도 있습니다. 만약 박사가 자신이 창조한 괴물을 외면하지 않았다면, 뒤늦게라도 자신의 행동에 용서를 구했다면 어땠을까요? 알 수 없지만 박사와 괴물은 서로에 대한 연민을 품게 되었을지도 모릅니다. 마찬가지로 혜경 또한 민아에게 사과한다면 앞으로의 일들이 조금은 달라지지 않을까 생각해 봅니다. 마음이 달라지면 움직임이 달라질 수 있을 테니까 말이지요.

오늘날 우리가 사는 세상은 괴물이 처음 만난 세상과 별반 다르지 않습니다. 괴물이 접한 세상 사람들은 눈이 먼 펠릭스의 부친을 제외하고 모두 그의 겉모습에 놀라 뒷걸음질을 칩니다. 사람 중 누구도 괴물에게 해명할 기회를 주지 않았지요. 그토록 현명하고 온화해 보이던 펠릭스, 아가타조차 말이에요. 오늘날의 사람들도 마찬가지입니다. 겉모습으로 사람을 판단하고 힘없는 이들에게는 변호할 기회조차 주지 않습니다. 하지만 우리가 모두 괴물과 같은 선택을 할 수는 없습니다. 세상을 원망하고 복수할 대상을 찾는 일은 괴물과 박사의 추격처럼 끝나지 않을 이야기가 될 것입니다. 물론 평범한 이들을 괴물로 만드는 세상인데 바라보는 마음만 고쳐먹는다고 달라지지는 않습니다. 또 이런 세상을 혼자서 바꿀 수도 없습니다. 박사가 인류를 위해 생명을 만드는 일에 헌신했다고 생각했지만 그의 창조가 결코 아름답지 않았지요. 또한 그는 괴물을 추격하며 인류를 위험으로부터 구해야 한다고 생각했지만 혼자의 힘으로는 아무것도 이루지 못했지요. 결국 세상을 조금이라도 달라지게 하는 힘은 서로의 상처를 돌보는 연민, 함께 고민하는 마음이 아닐까요? '복수는 나의 힘'이 아니라 '복수는 나의 독'일 뿐입니다. 천천히 퍼지는 독처럼 자신을 파괴하고 주변 사람들마저도 파괴하는 마음일 뿐임을 기억하기 바랍니다.

마음
엿보기

복수심

: 원수를 갚는 것은 복수이고, 복수하려고 마음을 벼르는 일은 복수심이다. 누군가를 미워하는 마음으로 사는 것은 스스로에게도 불행한 일이 아닐까?

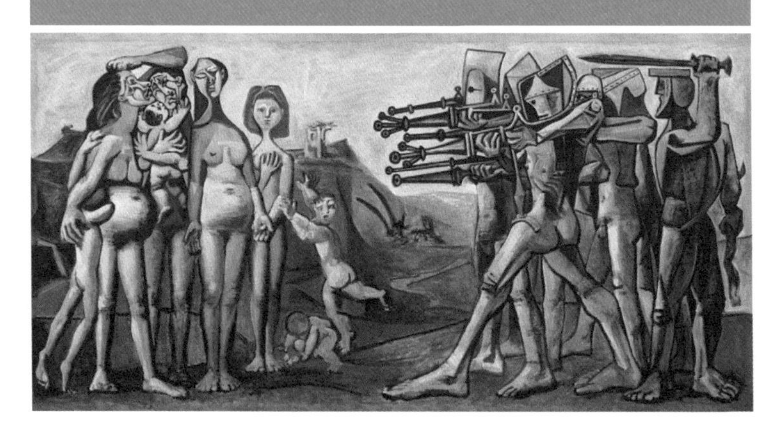

파블로 피카소, 〈한국에서의 학살〉, 1951, 파리 피카소미술관

박사나 괴물은 모두 자신에게 찾아온 불행의 원인을 상대에게서 찾고 있다는 공통점이 있습니다. '내가 이렇게 된 게 모두 너 때문이야!' 하고 말이지요. 이들 입장에서야 자신을 불행하게 만든 존재가 있으니 그 존재를 제거하거나 응징하는 것은 매우 당연한 것처럼 보입니다. 하지만 정당한 이유가 될 수는 없습니다. 또 복수에 대한 집착은 결국 자신과 타인의 삶을 모두 무너뜨리고 말 뿐이지요. 박사가 죽음에 임박하여 본 클레르발이나 엘리자베트의 환영은 그에게 복수의 이유와 절박함을 확인시켜 주었겠지요. 괴물 또한 내가 먼저 사람들을 미워한 것이 아니라 사람들이 미워했기 때문에 어쩔 수 없었다는 이유를 찾지요.

이 둘은 점차 진짜 괴물이 누구인지 헷갈릴 만큼 서로를 닮아 갑니다. 어쩌면 박사가 괴물의 모습에 큰 공포를 느꼈던 까닭은 자신의 추함과 너무나도 닮았기 때문 아닐까요? 그가 문을 닫고 헐레벌떡 달아나고 싶을 만큼 말이지요. 괴물이 갈수록 똑똑해지는 까닭 역시 박사를 닮은 탓인지도 모르고요. 마치 민아가 혜경이에 대해 복수를 결심하며 혜경을 닮아 가는 것처럼 말이지요. 정신분석학에서는 이런 현상을 '공격자와의 동일화'라고 이야기합니다. 자신이 미워했던 혜경이의 행동을 따라 하는 민아가 결국 혜경이와 별 차이가 없는 상태에 이르게 되는 것도 이 까닭입니다.

누군가를 미워하는 마음을 되갚아 주려는 복수심으로는 문제가 해결되지 않습니다. 그래서 우리에게는 '용서'라는 힘겨운 과정이 필요합니다. 용서는 나를 힘들게 만드는 상대 때문에 나의 삶을 포기하는 대신, 상대를 용서함으로써 좀 더 성숙한 삶을 가능하게 해 줍니다. 하지만 이 일은 무척이나 어렵습니다. 용서를 구하는 상대도 없는데 '그래, 내가 널 이해하고 용서할게'라는 말은 허공에 하는 말과 다르지 않기 때문이지요. 그리하여 우리는 상대와 내가 만나 이야기할 장이 필요하고, 서로의 잘못을 인정하고 사과하는 시간이 필요합니다. 만약 미워하는 마음이 개인 간의 일이라면 두 사람이 만나야 하고, 개인과 사회, 사회와 사회 간의 일이라면 당사자들의 만남과 사과가 꼭 필요하겠지요.

〈한국에서의 학살〉은 피카소가 그린 한국 전쟁입니다. 그가 그림을 그린 지 65년이 지났지만 우리는 여전히 서로에게 총구를 겨누며 상대에게서 원인을 찾고 있습니다. 괴물과 박사가 자신의 망상을 공고히 다져 가며 복수의 정당성만을 찾아갔듯 우리 또한 원인을 찾고 응징하고 경계하는 일에만 부지런을 떤 탓이겠지요. 지금 우리에게 사과, 이해, 화해, 용서가 더욱 필요한 이유는 박사와 괴물처럼 스스로를 파멸 속으로 밀어 넣지 않기 위해서입니다.

13

보고 싶은 대로 보이는 거울

아Q도 역시 만족해하며 의기양양하게 돌아갔다.

그는 자기가 자기경멸을 잘하는 제일인자라고 생각했다.

'자기경멸'이라는 말을 빼고 나면 남는 것은 '제일인자'이다.

장원도 '제일인자'이지 않은가?

"네까짓 것들이 뭐가 잘났냐!?"

『아Q정전』, 루쉰, 1921

(창비, 2006, 75쪽)

도윤 : 야, 승준이 완전 멘탈 갑이지 않냐?

태원 : 무슨 소리야?

도윤 : 왜, 어제 애들이 승준이 뚱뚱하다고 놀렸다는데, 오늘 완전 기분 좋게 노는 것 좀 봐.

태원 : 서로 화해했나 보지. 아닌가?

도윤 : 아이고, 모르는 소리 한다. 쟤네가 퍽도 사과했겠다. 하루 이틀도 아니고. 지금도 승준이를 놀리는 것 같잖아.

태원 : 네 말대로 멘탈 갑인가 보지. 승준이는 기분 좋아 보이는데 뭘.

도윤 : 정말 기분이 좋은 걸까?

도윤 : 승준아! 너 정말 기분 괜찮아? 어제 쟤들이 너 놀렸잖아. 사과는 받았어?

승준 : 사과는 무슨. 내가 생각해 보니까, 쟤들은 내가 부러워서 그런 거 같더라고.

도윤 : 헐~, 이건 뭔 말임?

승준 : 사실 처음에는 조금 기분 나빴는데, 생각해 보니까 어제 수업 시간에 여자애들이 내 이름 많이 불렀잖아. 아마도 그게 샘나서 그런 거 같아. 그러니 인기남인 내가 이해해야지.

도윤 : 어……. 그런데 그게 아닐 수도 있잖아. 내 생각에는 …….

승준 : 뭐야, 너! 너도 내가 부러운 거야? 짜식!

도윤 : 아니, 그게 아니라, 사실은 어제 여자들이 네 이름 부른 것도 체육 시간에 너 뛰는 거 보고 놀린 거잖아.

승준 : 얘가 아직도 뭘 모르네. 원래 여자애들은 좋아하는 마음을 그렇게 표현하는 거야. 어떤 여자애가 '나 너 좋아해'라고 직접 고백하냐? 걱정 마셔. 그리고 쟤네들도 다 내가 부러워서 그러는 거야, 흐흐.

도윤 : 아니, 그게 아니고…….

● 도윤이는 반에서 놀림을 당하는 승준이를 보고 마음이 불편합니다. 왜냐하면 승준이가 아무런 잘못 없이 놀림을 당하고 있고, 그런 까닭에 사과를 받아야 한다고 생각하기 때문이지요. 하지만 승준이는 전혀 그렇게 생각하지 않는 거 같지요? 오히려 친구들이 자신의 인기를 부러워하는 거라고 생각합니다. 승준이의 이런 반응에 도윤이는 할 말을 잃고, 승준이가 상황을 제대로 보았으면 하는 마음에 자꾸만 설명하려고 애쓰지만 승

준이는 도통 귀담아듣지 않습니다. 왜 같은 상황인데 도윤이와 승준이는 다르게 생각하는 걸까요? 걱정하고 화를 내는 도윤이와 달리 승준이는 정말 멘탈 갑의 소년일까요?

풍습이나 의복은 민족의 정신이나 문화와 관련 있을 때가 많습니다. 머리를 길러 상투를 틀던 우리 민족의 풍습은 '신체발부수지부모(身體髮膚受之父母)'에서 시작됩니다. 말 그대로 신체, 머리털, 살갗은 부모에게서 받은 것이니 이를 훼손하지 않는 것이 부모에 대한 효를 다하는 것이라 여겼던 것이지요. 그런 까닭에 1895년에 시행된

〈Q를 닮은 중국인 변발 모습〉
(패션전문자료사전)

단발령은 당시 많은 유생과 백성 들의 반발을 살 수밖에 없었습니다. 유학이 삶의 중심 사상이던 당시 조선에서 상투를 자른다는 것은 부모에 대한 효를 다하지 못함을 뜻하기 때문입니다. 이처럼 머리카락 한 올에도 민족의 문화와 정신은 담겨 있습니다.

청나라에도 머리카락과 관련된 그들만의 풍습이 있습니다. 북방 민족에게서 이어져 온 변발이 그것입니다. 명나라가 망하고 청나라가 세워진 뒤 중국인들은 변발을 하게 됩니다. 이들의 생김새가 알파벳 Q와 닮았다는 점에서 『아Q정전』의 아Q는 한 개인이면서 동시에 중국인을 대표한다고도 볼 수 있습니다. 중국인에게는 어떤 정신이 있었을까요? 루쉰은 개인인 아Q를 통해 중국인들의 어떤 정신을 말하고 싶었을까요?

본받을 거라고는 하나도 없는 웨이주앙의 아Q는 날품을 팔아 돈이 생기면 노름을 하고 술을 마시는 게 고작이지만 자존심은 하늘을 찔러 마을 사람들을 우습게 보는 위인입니다. 마을 사람들을 무시하고, 자신을 짜오 어른보다도 더 높은 항렬로 말하는 등 거짓말도 서슴지 않지요. 마을 사람들 역시 필요할 때만 아Q를 기억했습니다. 게다가 그의 언행과 머리의 부스럼은 놀림거리가 되기 일쑤였지요. 보통 사람이라면 화가 나고 참을 수 없는 일이었겠지만 아Q는 자신만의 '정신승리법'으로 슬픔에서 벗어나 평안한 상태가 됩니다. 심지어 도둑의 누명을 쓰고 감옥에 들어가면서도 '이 세상에 살다 보면 원래 끌려 들어가고 끌려 나오고 하는 때가 있는 법'이라며 대수롭지 않게 생각합니다. 그럴듯해 보이지만 그의 '정신승리법'이란 힘으로 맞설 수 없는 자들에게 맞서야 할 때, 스스로를 벌레나 짐승 따위로 둔갑시켜 자신을 경멸하거나 상황을 자신에게 유리하게 해석해 버리는 방법입니다. 상황의 본질을 제대로 보지 못하고 자신의 세상에만 갇혀 해석하고, 만족스러워하는 것이지요. 그렇다고 아Q가 세상과 자신의 관계를 깨닫지 못했던 것은 아닙니다. 다만 그 깨달음을 얻은 순간이 몸과 영혼이 분리되는 순간, 도둑이라는 누명을 쓰고 죽음에 이른 순간이라는 사실이 안타까운 것이지요. 자신이 사람들에게 이용당했다는 사실을 알게 되지만 이제 그는 어떤 저항도 할 수 없는 처지에 이르고 말았거든요. 이런 아Q를 향해 독자는 '어쩜 그걸 모를 수 있어?' 하고 책망할 수 있지만 곧 아Q와 하나도 다르지 않은 웨이주앙의 사람들을 보고 깜짝 놀랄 것입니다. 최소한 아Q보다는 조금 똑똑하고 조금 이성적이라고 생각했던 웨이주앙의 사람들 또한 아Q와 전혀 다르지 않다는 사실에 말이지요. 사람들은 아Q가 죽은 이유를 명확하게 알지 못하며 '아Q가 나쁘다. 총살당한 것이 나쁘다는 증거다. 나쁘지 않다면 어째서 총살까지 당하게 된단 말이냐'라고 말해 버립니다. 바로 이 순간 바보라고 손가락질했던 웨이주앙의 사람들이나 아Q가 별반 다르지 않음을 알 수 있는 순간입니다. 아Q가 자신의 세상에 갇혀 있듯 사실 그들도 그들의 세계에 갇혀 있습니다. 아Q가 짜오 어른과 같은 집안이라고 말했을 때, 마을에서 쫓겨나다시피 한 아Q가 달라진 모습으로 돌아왔을 때, 혁명을 외치며 머리를 틀어 올린 아Q를 보았을 때 마을 사람들은 아Q를 두려워하기도 하고, 무시하기도 합니다. 하지만 그들이 왜 그런 태도를 보이는지는 알 수 없지요. 그 어디에도 논리와 합리를 찾아볼 수 없는 점이 아Q와 웨이주앙 사람들의 공통점이라 할 수 있습니다.

하지만 이런 것이 어디 아Q와 마을 사람들의 모습이기만 할까요? '텔레비전에서 봤는데, 누가 그랬는데'라며 자신의 생각을 합리화하거나 자신에게만 유리하도록 상황을 해석하는 경우는 자주 볼 수 있는 모습입니다. 각종 대학에서 내세우는 순위, 정부나 기업에서 발표하는 통계 수치 또한 자신들에게 이롭게 해석될 때가 많지요. 이익이 되지 않을 것은 버리고, 이익이 될 만한 것만으로 만들어진 비정상적인 수치는 사건을 왜곡하고 진실을 은폐하기도 합니다. 땅과 땅 사이를 유유히 흐르며 각종 이익을 만들어 줄 것이라 선전했던 4대 강의 통계들, 건강에는 아무런 이상이 없다고 주장했던 가습기 살균제의 연구 결과들도 아Q식 해석이 있었기에 가능했을 겁니다. 오로지 자신들에게만 이로운 해석을 내렸을 테니까요. 루쉰은 중국인들의 무지와 비논리를 비판하기 위해 『아Q정전』을 썼겠지만 우리는 루쉰이 발견한 인간의 본성이 여전한 안타까운 현실을 살아가고 있습니다.

더구나 아Q, 수재, 거인 노인 등, 사회적인 위치가 천차만별인데도 혁명당에 가입하려는 이유는 모두 같습니다. 기득권을 고스란히 유지하며 잘 살아남기 위해서 그들은 혁명에의 의지나 정신과는 상관없이 혁명당에 가입하려고 애를 씁니다. 하지만 그들 모두 혁명에 성공하지는 못합니다. 아Q는 도둑의 누명을 쓴 채 총살을 당하고, 거인 어른네와 수재 또한 혁명의 물결 속에서 안위를 보장받지 못했으니까요.

아Q의 '정신승리법'이 우습게 보이지만 현실을 직시하고 불편과 마주하기란 쉽지 않습니다. 자기 경멸에까지 이르지 않더라도 자신에게만 유리한 해석을 하는 경우가 승준이만은 아닐 테니까요. 하지만 이런 합리화와 잘못된 인식은 결코 문제를 해결해 주지 못합니다. 문제가 곪고 곪은 뒤에야 겨우 '아, 그게 이런 거였구나'라고 뒤늦게 깨달을 뿐이지요.

하지만 한편으로는 '아Q가 세상을 제대로 보았다고 해서 문제를 해결할 수 있었을까?'라는 의문도 듭니다. 왜냐하면 아Q의 곁에는 함께 문제를 해결해 나갈 만한 그 누구도 없었으니까요. 어쩌면 그가 맨 정신으로 세상을 바라보았다면 더욱 괴로웠을지도 모르지요.

"사 년 전에 그는 산기슭에서 굶주린 늑대 한 마리를 만난 적이 있었다. 그 늑대는 가까이 다가오지도 않고 멀리 떨어지지도 않으면서 한없이 그의 뒤를 따라오며 그의 고기를 먹으려고 했다. 그때 그는 무서워서 죽을 지경이었는데, 다행히 손에

도끼 한 자루가 있었으므로 그것을 믿고 용기를 내어 웨이주앙으로 돌아오기까지 버틸 수 있었다."

-『아Q정전』 창비, 2015, 128쪽

늑대가 우글거리는 이 세상에서 아Q의 '정신승리법'이 그의 손에 들린 도끼 한 자루와 같다는 생각을 해 봅니다. 자신을 잡아먹으려는 늑대와 겨우 얼마간의 거리를 두고 마을까지 내려왔던 아Q에게 만약 그것마저 없었더라면 하는 생각이 드는 순간, 그의 어리석음을 비난할 수만은 없게 됩니다. '나도 살려고 이러는 거야' 하고 외치는 아Q의 절규가 귓가를 맴도는 듯하니까요.

이제 승준이의 문제를 이야기하는 도윤이를 생각해 봅시다. 도윤이가 안타까운 마음으로 승준에게 건네는 문제들을 승준이가 제대로 바라볼 수 있고, 자신을 둘러싼 상황을 객관적으로 알게 된다면 어떨까요? 승준이가 힘겨워할 시간을 도윤이가 함께해 준다면 또 어떨까요? 누군가와 함께 세상을 다르게 볼 수 있는 기회야말로 옷이 바뀌고 머리가 바뀌는 일보다 더 큰 혁명이 아닐까요? 아Q에게 없었던 그 누군가가 지금 여러분 곁에는 있나요?

마음 엿보기

합리화

: 자책감이나 죄책감에서 벗어나기 위해 스스로의 행동을 정당화하는 태도나 마음.

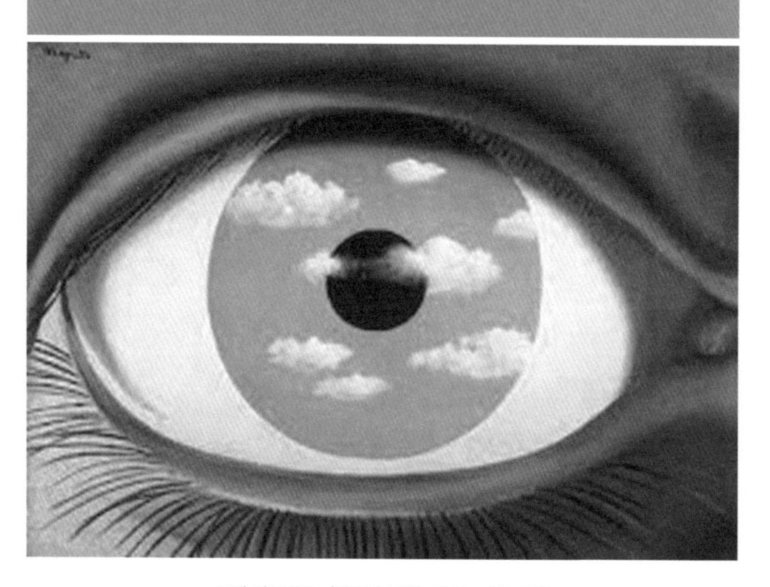

르네 마그리트, 〈잘못된 거울〉, 1935, 개인 소장

'차가 막혀서 늦은 거야.'

'잘생긴 저 애는 성격이 나쁠 거야.'

'선생님이 안 가르쳐 준 데서 시험 문제가 나왔어.'

이런 말들이 익숙한가요, 아니면 낯선가요? 물론 정말 차가 막혀서 늦었을 수도 있고, 얼굴은 잘생겼는데 성격이 나쁠 수도 있습니다. 하지만 만약 그렇지 않은데도 이렇게 말했다면 뭔가 사정이 있겠지요. 늦게 출발했지만 지각에 대한 질타를 피하고 싶었다거나, 괜히 말을 걸었다가 대꾸도 하지 않을 것 같은 두려움 때문에 그랬을 수도 있습니다. 심리학에서는 이런 마음을 '합리화'라고 합니다. 합리화는 자기 자신을 보호하기 위한 방어 기제 중 하나이지요. 이런 태도는 잠깐 위기를 모면하는 데 도움이 될 수 있겠지만 반복적으로 나타날 경우 사람들에게 믿음을 주기 어렵습니다. 마치 아Q처럼 말이지요.

자신이 늘 옳고, 늘 승리하는 아Q의 태도는 스스로에게는 마음의 평화를 가져다줄지 모르지만 세상과 소통하는 데에는 걸림돌이 됩니다. 왜냐하면 그는 세상을 보고 싶은 대로만 보고, 자신의 입장에서만 해석했으니까요. 하지만 아Q의 이야기를 읽으며 그를 비난할 수만은 없다는 생각에 이릅니다. 아Q뿐 아니라 웨이주앙이나 성내의 마을 사람들, 짜오 어른이나 거인 어른, 수재에 이르기까지 당대 사람들 모두가 자기의 입장에서 세상을 바라보고 해석했으니까요. 쉽게 말해, 상식이 통하지 않는 시대였다고 할 수 있지요. 혁명당의 등장에 가진 재산을 잃을 것이 두려워 떠는 가진 자의 모습이나, 혁명당이 들어서나 다른 무엇이 들어서나 살아가는 데는 별 어려움을 느끼지 못하는 마을 사람들 모두 세상의 흐름을 제대로 바라보지 못하는 것은 마찬가지였으니까요. 그런데 그 이후의 사람들은 세상을 제대로 바라보고 있을까요? 지금 여러분은 어떤가요?

르네 마그리트는 그림 〈잘못된 거울〉을 통해 세상이 전혀 나아지지 않았다는 것을 이야기하는 듯합니다. 그의 그림은 '이치나 이론에 합당하다'는 합리와 달리 자신의 주관만으로 보는 세상은 눈동자에 비친 하늘처럼 비정상적일 수밖에 없음을 이야기합니다. 하늘은 동공에 새겨질 수 없고, 눈의 위아래가 반전된 상태에서는 세상을 바르게 볼 수 없을 테니까요.

이제 우리가 어떤 시선으로 세상을 바라보는지 생각해 봅시다. 또 다른 아Q가 되어 세상을 살아가는 것은 아닌지, 세상을 왜곡하는 거울의 시선을 가지고 있는 것은 아닌지 말입니다. 합리화의 시작은 자신을 보호하기 위한 것이었을지 모르지만 그 끝은 결국 자신과 세상을 결별하게 하는 것임을 기억해야겠지요.

14

성공과 실패의 기준

"참, 내 비밀을 말해 줄게. 아주 간단한 건데……,

그건 마음으로 봐야 잘 보인다는 거야.

가장 중요한 것은 눈에 보이지 않는단다."

『어린 왕자』, 앙투안 드 생 텍쥐페리, 1943

(인디고, 2015, 205쪽)

엄마 : 어떻게 너는 하고 싶은 일이 하나도 없니?

하준 : 없는 걸 어떻게 해.

엄마 : 꼭 공부가 아니어도 된다니까. 하고 싶은 게 없으면 뭘 해서 먹고살 건데?

하준 : 몰라, 어떻게든 되겠지.

엄마 : 어휴, 답답한 소리! 그럼 기술이라도 배우던가.

하준 : 귀찮아. 자꾸 말 시키지 말라고.

엄마 : 뭐라고! 엄마가 다 너 걱정해서 하는 소리잖아! 엄마가 공부를 하라고 했냐, 뭐랬냐?

하준 : 나도 답을 모르는데 자꾸 물어보면 어떻게 해? 뭐하고 싶냐고? 아무것도 안하면서 살고 싶어, 됐어?

엄마 : 그렇게 아무것도 모르겠으면 지금 손에 들고 있는 휴대폰이나 당장 내려놓고 가서 공부나 해!

● 엄마와 하준이는 서로에게 화가 나 있습니다. 엄마는 하준이가 공부가 아니어도 괜찮으니 하준이가 하고 싶은 일을 찾았으면 하는 바람을 가지고 있습니다. 그런데 하고 싶은 것이 아무것도 없다는 하준이의 대답이 답답하기만 합니다. 하준이는 하

준이대로 딱히 할 말이 없는데 자꾸 채근하는 엄마가 귀찮기만 하고요. 언제 공부하라고 했느냐며 인심을 쓰듯 말하는 엄마의 태도도 마음에 들지 않습니다. 게다가 하준이는 정말 무엇을 하고 싶은지 아직 결정하지 못했습니다. 대한민국의 많은 청소년들의 고민이 하준이의 '나도 모르겠는데 자꾸 물어보면 어떻게 해?'와 비슷하지 않을까요? '나도 모르겠다'는 대답은 진심일까요? 그렇다면 왜 모르는 걸까요? 그리고 엄마는 무엇 때문에 먹고살 걱정을 하는 걸까요? 엄마의 바람대로 '하고 싶은 일'이면서 동시에 '먹고살 수 있는 일'을 찾는다는 것은 가능할까요?

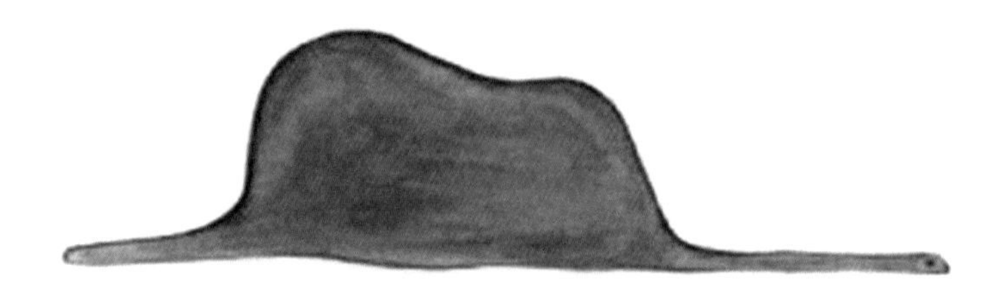

이 그림은 어린 왕자를 만난 비행기 조종사인 '나'가 어릴 때 그린 제1호 그림입니다. 어른들은 이 그림을 보며 '아니, 모자가 뭐가 무섭다는 거니?'라며 그림의 무시무시함을 알아채지 못했습니다.

어린 '나'는 이해하지 못하는 어른들을 위해 보아뱀의 속을 그리며 어른들은 언제나 설명해 주어야 하는 존재임을 일찌감치 깨달습니다. 그림을 그리는 대신 지리나 역사, 산수, 문법에 관심을 가져 보라는 충고를 듣고 여섯 살의 나이에 '화가'라는 멋진 직업을 포기하고 말지요. 하지만 '나'는 언제나 제1호 그림을 가지고 다녔고 총명해 보이는 사람을 만날 때면 그 그림을 꺼내 보여 주고는 했습니다. 물론 그 사람들도 '이건 모자야'라고 이야기했지만요. 이제 더 이상 '나'는 사람들에게 그림을 설명하지 않습니다.

우리는 '나'의 경험을 통해 어른의 특징 하나를 알 수 있습니다. 어른들은 보이는 것만을 본다는 점입니다. 그렇다면 어른들은 왜 코끼리 속의 보아뱀을 알아본 어린 왕자와 달리 보이지 않는 세상은 보지 못하는 것일까요? 상상력의 부족이나 순수한 마음의 상실 등을 생각해 볼 수 있겠지만 무엇보다도 어른들에게 보이지 않는 세상은 불안한 곳입니다. 가늠할 수 없고, 예측할 수 없으니까요. 게다가 보이지 않는 것들은 대개 먹고사는 데 큰 도움이 되지 않습니다. 오늘날 우리가 살고 있는 세상도 마찬가지입니다. 한때는 베스트셀러 작가였던 시인도 생활보조금 대상자가 되고, 민중미술을 이끌었던 젊은 조각가는 죽음 이후 일용직 노동자로 구분되어 제대로 된 보상도 받지 못했습니다. 이처럼 눈에 보이지 않는 아름다움을 추구하는 시인이나 조각가의 삶은 쉽게 돈으로 계산할 수 없지

만 계산되지 않는다는 이유로 무시되기도 하지요. 그래서 많은 어른들이 쉽게 돈으로 교환될 수 있는 삶을 추구하는 이유도 자신과 타인의 삶을 비교한 뒤 우위를 정해 평가할 수 있기 때문입니다. 날로 높아지는 비정규직 비율, 협력 업체에 대한 부당한 대우, 학력·성별에 따른 임금 격차, 흙수저·은수저·금수저와 같은 수저 계급론 등은 우리 사회의 민낯을 보여 주는 뉴스들. 이것은 바로 우리의 부모님이 가까스로 버티며 살아 내고 있는 세상이기도 합니다. 그런 탓에 어른들도 불안하고 두려울 수밖에 없습니다. 나날이 좁아지는 대입이나 취업의 문턱에서 우리 아이의 낙오를 바라는 부모는 어디에도 없을 테니까요. 그런데 '아무것도 하고 싶은 게 없어' 혹은 '하고 싶은 게 뭔지 잘 모르겠어요'라는 자식의 말은 부모의 불안을 더욱 부추기고 가슴을 답답하게 만들어 버립니다. 이제 어른들은 세상의 이치를 들먹이며, '이 험한 세상 어찌 살려고 그래? 그럼 뭐 기술이라도 배우든가'와 같은 잔소리를 늘어놓기 시작합니다.

그런데 하준이는 정말 하고 싶은 게 없을까요? 아니면 자신이 가진 희망이 부모님의 기대에 어긋날까 봐 고민이 되는 것일까요? 이유가 무엇이든 하준이에게는 여우의 조언이 필요해 보입니다. 바로 "진짜 중요한 것은 눈에 보이지 않아"와 같은 조언 말이지요. 이제 하준이는 자신의 마음을 솔직하게 들여다보는 일을 먼저 해야 합니다. '어떻게든 되겠지' 하면서 현실을 외면하거나 그때그때의 현실과 타협하며 살고 싶지 않다면 말이에요. 물론 중 · 고등학교 시절에 자신의 직업이나 진로를 완벽하게 결정할 수는 없습니다. 가끔 확고한 진로를 가진 친구들이 부럽기도 하겠지만 대부분은 하준이처럼 아직 무엇을 해야 할지 모르거나 정말 별로 하고 싶은 일이 없기도 합니다. 하지만 남들에게 보이는 거창한 직업을 찾으려고 하지 않는다면, 아마도 여러분의 숨을 트게 해 줄 숨구멍은 찾을 수 있을 거예요.

유명한 프로레슬러이자, 번역가인 김남훈 씨가 자신의 십 대 후반을 더듬은 이야기가 있습니다. 십 대였던 김남훈은 프로레슬러가 되고 싶어 당대 최고의 프로레슬러였던 이왕표 선수의 체육관이 있다는 양평으로 떠났다가 아무것도 찾지 못하고 돌아왔다고 합니다. 경기도 양평인 줄 알았던 그의 체육관이 서울 양평에 있는 줄 미처 몰랐던 까닭이지요. 시간이 흘러 그는 출판계에서 번역 등을 하며 살았습니다. 하지만 마음속에 담아 두었던 프로레슬러의 꿈은 그를 다시 링 위에 올라서게 했고, 앞니가 부러지고 하반신이 마비되는 사고를 겪으면서도 꿈을 위해 노력했습니다. 그렇다면 그는 어떻게 자신의 꿈을 잃지 않고 살아갈 수 있었을까요? 여우의 말처럼 그는 보이지 않는 진짜를 마음속에 간직할 수 있었기 때문은 아닐까요? 그가 강연에서 들려준 이야기는 다음과 같습니다.

> **어떤 일을 할 때 가슴이 가장 두근거리는지 직접 경험해 보고 그걸 자기 머릿속에, 가슴속에 잘 담아 두라는 거야.**

현실적으로 가슴이 가장 두근거리는 일을 직업으로 삼으며 살아가는 사람은 많지 않지만 가슴이 두근거리는 일을 기억하고 조금씩 그에 가깝게 살아갈 수는 있지요. 그 때문에 현재의 삶을 충실하게 살아갈 힘을 얻을 수도 있고요. 그러기 위해 직접 경험해 보는 일은 매우 중요하죠. 그저 몇 번의 인터넷 검색이나, 주변 사람들의 이야기만 듣는 것으로는 부족합니다. 그들의 곁으로 찾아가고, 좀 더 다양한 자료들을 읽고, 자신의 롤모델들에게 답장은 못 받더라도 이메일을 보내 보는 등 다양한 시도가 필요합니다. 그런 노력들이 있을 때 여러분도 김남훈 씨처럼 혹은 여우의 조언처럼 보이지는 않지만 중요한 그 무엇을 가질 수 있지 않을까요?

그리고 중요한 일이 하나 더 남아 있습니다. 바로 마음속 '불안'

을 이겨 나가는 일입니다. 현실을 알면 알수록 '이렇게 살아도 될까? 이렇게 해도 될까?'와 같은 불안과 마주할 수밖에 없습니다. 불안은 누구에게나 있고 또 대부분의 사람들은 불안을 느끼며 일을 합니다. 어쩌면 하고 싶은 일이 없다는 하준이의 말은 어떤 일을 시작하는 것이 불안하다는 말일 수도 있습니다. 실패, 비난 등을 미리 염려하여 아예 시도조차 하지 않으려는 것이지요. 그나마 지금 상태를 유지하는 게 낫다고 생각하면서 말입니다.

하지만 어린 왕자도 일곱 개의 별을 지나고 숱한 장미꽃들을 거치고 나서야 겨우 장미가 지닌 의미를 깨달았습니다. 장미의 태도에 상처를 받고 서운함을 느끼지만 결국 길들인다는 것, 즉 관계를 맺어 간다는 것은 보이지 않는 소중한 마음을 깨닫는 과정임을 어린 왕자의 이야기는 들려주고 있습니다. 아마도 하고 싶은 일을, 가슴이 두근거리는 어떤 일을 찾아가는 일은 쉽지 않은 여정이 될 것입니다. 하지만 궁금한 것을 끝까지 물어보고 여러 개의 별을 직접 경험하며 자신에게 정말 소중한 그 무엇을 찾은 어린 왕자의 이야기는 두려운 마음을 일단 숨기려는 사람들에게 꼭 필요한 이야기가 아닐까요? 직접 경험해 보지 않으면 알 수 없는 일이 세상에는 정말 많아요. 그러니 소중한 것을 찾기 위해 조금 더 용기를 내 보아요.

불안

마음 엿보기

: 마음이 조마조마하고 편하지 않은 상태. 알 수 없는 내일은 우리를 설레게도 하지만 예측할 수 없으므로 불안하게도 만든다.

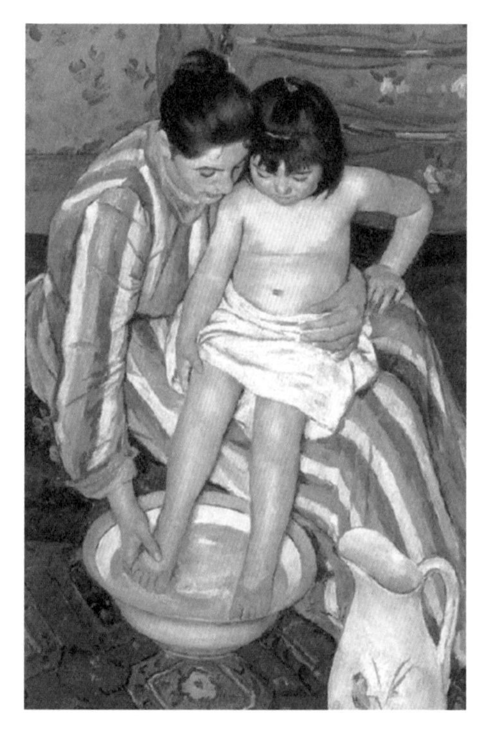

메리 스티븐슨 커샛, 〈아이의 목욕〉, 1891~1892, 시카고 아트인스티튜트

프로이트는 인간의 출생이 불안의 근원이자 원형이라고 했습니다. 태어난다는 행위 자체가 최초로 불안을 경험하는 일이라는 것이죠. 심리학자들은 익숙하지 않은 낯선 상황을 경험할 때 생겨나는 심리적 변화를 '불안'이라고 합니다. 불안의 증세가 심해지면 불면, 호흡 곤란, 통증 등의 신체 변화가 나타나기도 하지만 이는 불안보다는 공황, 공포라고 부르는 또 다른 심리적 현상에 가깝습니다. 늦은 밤 으슥한 길을 혼자 걸을 때라든지, 날카로운 칼, 무시무시한 이야기 등, 대체로 공포는 뚜렷한 외적 요인에 의해 생겨나지만 불안의 이유는 분명하게 설명하기 힘들다고 합니다. 그렇기 때문에 무엇이 마음을 뒤흔들고 있는지 살펴보는 일은 매우 중요합니다. 마치 여우가 어린 왕자에게 해 주었던 "진짜 중요한 것은 눈에 보이지 않아"라는 조언처럼 말이지요.

앞서 만난 아무것도 하고 싶지 않다는 하준이나, 무엇이든 하고 싶은 것을 찾아보라는 엄마도 불안하기는 매한가지입니다. 그런데 엄마와 하준이의 불안은 어디에서 비롯되는 것일까요? 알 수 없는 미래 때문은 아닐까요? 하지만 이런 불안한 마음 때문에 아무것도 하지 않는다고 해서 달라지는 것은 없습니다. 오히려 불안한 마음을 동력 삼아 가슴 두근거리는 무엇인가를 찾아보려는 노력을 해보는 건 어떨까요?

하지만 가슴 두근거리는 일을 찾아보라는 말은 위로도 마음의 평안도 주지 않습니다. 하준이와 엄마가 살고 있는 이 시대 자체가 매우 불안한 사회이니까요. 무엇보다 오늘의 노력이 내일의 평범한 일상을 보장해 주지 못하는 시대이니까요. 그런데 조금만 더 생각해 보면 불안의 또 다른 이유를 발견할 수 있습니다. 타인의 시선에서 자유롭지 못한 우리들의 삶이 바로 그 이유이지요. 마치 어린 왕자가 만난 어른들처럼 얼마짜리 집과 월급의 액수에 따라 행복하고 불행한 삶을 판가름하는 사회이잖아요. 그래서 조금 더 자신의 마음에 귀 기울이고 타인과 비교하지 않기를 권할 따름입니다. 세상의 숱한 장미 중에 어린 왕자에게 의미 있던 단 한 송이의 장미처럼 우리에게 의미 있는 그 무엇을 찾는 일이 장미 더미 속에 있는 것보다 더 중요한 일이니까요.

메리 스티븐슨 커샛의 그림 〈아이의 목욕〉을 보며 엄마에게 안겨 있는 아이의 마음과 아이를 안은 엄마의 마음을 헤아려 봅니다. 엄마는 아이가 미끄러질까 봐 몸을 낮추고 조심조심 아이의 발을 씻기며 무슨 생각을 했을까요? 발에 묻어 있는 더러운 먼지를 닦아내며 아이가 험한 세상을 마주하지 않고 행복한 삶을 살아가길 바라지 않았을까요? 아이 역시 세상에서 가장 믿을 수 있는 엄마의 품에 안겨 불안과 두려움, 공포와 공황과는 거리가 먼 편안하고 행복한 마음이었겠지요. 엄마에게 모든 것을 맡긴 아이, 아이의 신뢰를 온전히 받고 있는 엄마가 함께하는 이 순간이야말로 다시는 돌이길 수 없는 행복한 순간이지 않을까요? 인생의 행복한 순간 역시 보이는 게 아니라 보이지 않는 곳에 존재함을 보여 주는 장면이 아닐까요? 무엇이 되려고 발버둥 치기보다는 어떻게 살려고 하는지를 고민해야 하는 이유이기도 하고 말이지요.

15

프로쿠르테스의 침대

"오, 테스. 이 경우엔 용서라는 말을 적용할 수 없어.
넌 이런 사람이었다가 갑자기 다른 사람이 되었어.
맙소사.
어떻게 용서가 그런 가증스럽고 교활한 속임수에 적용되겠어."

『테스』, 토머스 하디, 1891
(문학동네, 2014, 568쪽)

희은 : 서라야, 밥 좀 먹어.

서라 : 싫어.

희은 : 그러다가 너 굶어 죽을 수도 있어.

서라 : 싫다고, 이제 겨우 3킬로그램밖에 안 빠졌단 말이야.

희은 : 일주일 만에 3킬로그램 빠진 거면 많이 빠진 거야.

서라 : 아직 멀었어. 지난주에 남자애들이 하는 이야기 못 들었어?

희은 : 들었어. 여자가 뚱뚱하면 재수 없다고 한 말.

서라 : 너는 그런 말 듣고도 괜찮아?

희은 : 아니, 안 괜찮아. 화나서 죽을 뻔했어.

서라 : 화내도 별수 있나. 그게 사실이니까.

희은 : 사실이라고? 너도 뚱뚱하면 재수 없다고 생각해? 그럼 나도 재수 없겠네.

서라 : 그게 아니라, 남자애들이 그렇게 생각하는 건 사실이라고.

희은 : 그게 어떻게 사실이야? 걔네가 이상한 거지! 사람이 뚱뚱하다고 재수 없다니, 그게 말이 돼?

서라 : 에구, 너랑은 말이 안 통한다. 정말! 어찌되었든 남자들은 여자가 못생기고 뚱뚱하면 다 싫어한다는 거야.

● 『신데렐라』, 『백설공주』, 『잠자는 숲속의 공주』 등 공주가 등장하는 동화의 마지막은 대부분 '왕자님과 오래오래 행복하게 살았답니다'로 끝나는 경우가 많습니다. 이런 동화에 등장하는 왕자들은 한결같이 공주를 구하기 위해 애쓰지만 정작 공주를 구하는 이유는 말해 주지 않습니다. 파티에서 한 번 만난 신데렐라를 찾기 위해 온 나라를 뒤지는 왕자, 이미 목숨을 잃은 공주의 시신에 입맞춤하는 왕자를 상식적으로 이해할 수 있나요? 하지만 이야기들은 이런 생각이 들 틈도 없이, 왕자와 공주는 결혼하여 행복하게 살았다고 결론을 내리지요. 이런 동화를 읽는 소녀들은 자신도 모르게 왕자를 꿈꿉니다. 왕자의 선택(?)을 받기 위해서는 아름다워야 한다는 믿음까지도 말이지요.

뚱뚱해서 재수 없다고 말하는 남자애들한테 그러는 너희들이 더 재수 없다는 말로 되받아치지 못하고 돌아서서 살을 빼는 서라는 어디에서나 만날 수 있는 평범한 소녀입니다. 아마 서라도 예쁘고 착해야 사랑받는다는 동화책을 읽고 자라지 않았을까요? 동화뿐 아니라 텔레비전에서도 예뻐서 착한 연예인들 뿐만 아니라 뚱뚱하면 재수 없다고 여기는 사람들은 어렵지 않게 만날 수 있습니다. 이런 풍경들을 바라보다 가문의 비밀을 알게 된 더버빌가의 테스를 떠올려 봅니다. 동화와 달리 아름다웠지만 행복하지는 못했던 테스를 서라와 희은이, 그리고 뚱뚱하면 재수 없다고 말하는 남자아이들과 함께 만나 볼까요?

'Girls Do Not Need A Prince'

한 여성이 이 문구가 쓰인 티셔츠를 입고 찍은 사진을 SNS에 올렸습니다. 그녀는 게임 회사의 성우였고 사진을 본 고객의 항의가 이어졌습니다. 이에 회사는 그녀의 목소리를 게임에서 삭제한다고 공식적으로 발표하였고, 그녀는 회사를 떠나야만 했습니다. 먼 나라에 사는 한 여배우는 이 소식을 접한 뒤 자신의 인스타그램에 이를 비판하는 의견을 내놓았고, 그녀의 인스타그램은 일종의 전쟁터가 되었습니다. 관련 기사를 하나하나 클릭해 가다 보니, '메갈리아, 일베, 혐오'와 같은 낱말들이 눈에 띕니다. 이 일은 당사자들이 원했든 원하지 않았든 우리 사회가 혐오의 시선에 관심을 가지게 된 구체적인 사건이 되었고 혐오에서 더 나아가 표현의 자유에 이르는 긴 논쟁의 출발점이 되어 버렸습니다. 하지만 혐오의 시선이 어디 남성과 여성의 대결에만 존재하는 것일까요? 동성애, 흑인, 장애인 심지어 학생들의 입시 제도 속에도 소리 없이 숨겨져 지균

충(지역균형전형), 수시충(수시입학전형)이라는 말로 드러나기도 합니다. 다시 말해 우리는 서로에게 언제 어디서나 혐오의 시선을 주기도 하고 받을 수도 있는 시대를 살고 있는 셈이지요. 만약, '설마 내가? 나는 아니야!'라고 생각했다면 착각입니다.

시간을 훌쩍 뛰어넘어 19세기 영국, 가문이라는 것이 환상 속에만 존재하던 그 시절의 테스를 만나 봅시다. 그녀는 장녀라는 이유로, 아름답다는 이유로, 또 처녀가 아니라는 이유로, 그리고 결정적으로 여자라는 이유로 비극적인 삶을 살아갑니다. 아버지는 그녀가 장녀이니 가족을 책임지길 바랐었고, 그녀의 아름다움은 알렉 더버빌의 욕정을 충동질시켰지요. 에인절을 만나 사랑에 빠져 결혼도 했지만 행복은 그녀의 편이 아니었습니다. 알렉 더버빌과의 일을 고백하자마자 에인절은 테스가 순수하고 고결하지 않다며 그녀를 홀로 남겨 두고 떠나 버리니까요. 혼자 남은 테스는 사람들의 시선을 피해 농장의 허드렛일을 하며 에인절의 마음이 다시 돌아오기를 바랍니다. 하지만 에인절이 돌아오기도 전에 그녀의 가족들은 다시 장녀로서의 책임을 물었고, 더버빌은 그녀를 취하고 말지요. 결국 그녀는 사랑하는 에인절에게 돌아가기 위해 더버빌을 죽입니다. 가혹한 운명이라는 생각이 들지만 어쩐지 그녀가 견뎌야 했던 모든 일들을 운명의 탓으로 돌리기에는 답답함이 느껴집니다. 어째서 테스는 동화 속 주인공처럼 행복하지 못했을까요? 동화 속 공주처럼 그녀는 예쁘고 착하며 심지어 성실하기까지 한데 말이지요.

가난한 시골 집안의 장녀인 테스는 스스로를 아름답게 꾸민다거나 상대에게 요염을 떨지도 않지만 뭇 남성들의 시선을 받을 만큼 성숙한 여인으로 성장합니다. 그녀를 탐한 알렉 더버빌이나 그녀를 사랑한 에인절 클레어 모두 테스에게서 성적인 매력을 느낀 까닭도 테스의 아름다움 때문입니다. 커튼 뒤에서 테스를 훔쳐보거나 그녀에게서 장미꽃잎을 연상하는 등 테스의 아름다움을 상상하는 남자들의 시선은 당시의 문제만은 아닙니다. 오늘날에도 여전히 아름다운 여인들은 성적 욕망의 대상이 되곤 하니까요. 섹시하다는 말을 앞세워 노골적으로 여성의 허벅지, 허리, 가슴 등을 이야기하는 것에서부터 단톡방에서 남자들 사이에 은밀하게 오가는 대화 내용에도 여성들을 향한 남성의 편협한 시선이 고스란히 담겨 있습니다. 아름다운 여성에 대한 흠모가 아닌 성적인 대상으로만 바라보는 이 시선은 더버빌이 테스를 탐했던 마음과 닮아 보입니다.

이처럼 테스의 이야기를 통해 아주 오랫동안 공간을 초월하여 이어져 온 여성에 대한 남성의 편견을 읽을 수 있습니다. 여성은 마땅히 남성의 성적인 대상이 될 수 있다는 편견 말이지요. 한편으로 에인절이 테스를 버리고 떠나는 장면에서는 과연 무엇이 순수인가에 대한 의문을 품게 됩니다. 그녀의 과거에 대한 이야기를 들은 에인절은 "내가 사랑한 여자는 네가 아니야"라고 선언합니다. 그가 그토록 바라던 부지런하면서도 아름다운 테스가 눈앞에 있는데도 말이지요. 에인절은 그녀와 더버빌 사이에 있던 과거 때문에, 좀 더 직설적으로 말하자면 그녀가 처녀가 아니라는 이유로 테스의 존재를 부정하고 맙니다. 소젖을 짜는 여인과는 결혼할 수 있지만 과거가 있는 여성과는 결혼할 수 없다는 에인절의 모습은 어쩐지 드라마의 한 장면 같기도 합니다. 남성의 성 경험은 능력(?)이 되지만 여성의 성 경험은 그저 비난의 대상이 되는 일에서 테스가 살던 시대나 우리가 사는 오늘이 크게 다르지 않음을 발견할 수 있습니다. 또 테스가 살았던 시대는 특히 가난한 여성은 남성의 성적 대상이 되어도 별 상관이 없다고 생각하는 시대였습니다. 이런 시대에 테스가 자기 목소리를 내며 삶을 선택하기란 쉽지 않았겠지요. 마음속으로 에인절을 그리워하면서도 가난 때문에 더버빌의 정부가 되는 것 말고 테스가 할 수 있는 선택은 그리 많아 보이지 않으니까요. 하지만 테스처럼 힘이 없고, 가난해서 어쩔 수 없는 선택을 할 수밖에 없는 이야기가 소설 속에만 존재하지는 않습니다. 힘이 없고, 가난하다는 이유로 현실에 떠밀려 어쩔 수 없는 선택을 강요당해야 했던 테스들은 우리의 역사 속에, 그리고 오늘날의 현실에 존재합니다. 위안부 할머니들, 기지촌 여성들, 봉제 공장의 미싱사였던 젊은 여인들을 떠올려 봅니다. 바로 이런 여인들의 삶을 디디고 사는 게 지금 우리들의 삶 아닐까요? 그럼에도 우리 사회에는 '어디, 여자가', '여자다운 맛이 없어'와 같은 말들이 여전히 쓰입니다. 테스가 가난 때문에 어쩔 수 없이 선택해야 했던 삶처럼 어쩔 수 없는 선택을 하며 살아가야 하는 여성들을 비하하고 혐오하는 발언들도 여전합니다. 어째서 우리는 힘없는 이들에 대한 혐오를 거두지 못하는 것일까요? 테스와 더버빌, 테스와 에인절, 에인절과 더버빌 사이에 혐오의 시선은 그들이 살아가던 시대의 관습에서 비롯됩니다. 만약 에인절이 영국을 떠나 브라질로 가지 않았다면 테스에 대한 그의 생각도 달라지지 않았을지 모릅니다. 열사의 땅에서 죽어 가던 방랑자의 말이 테스에 대한 생각을 바뀌게 만들지 못했다면 말이지요. 이처럼 생각이 바뀌기란 참 어렵고도 힘든 일입니다. 그럼에도 불구하고 우리는 남성과 여성에 대한 혐오뿐 아니라 나와 다르다 혹은 나보다 못하다는 이유로 보내는 혐오의 시선들을 바꾸는 일에 대해 적극적으로 고민해야 합니다. 물론 이 일은 에인절이 죽을 뻔하다 살아난 것처럼, 더버빌이 방탕한 삶을 청산하고 마음을 바꾸는 것처럼 힘든 일이겠지만 말이에요.

테스의 이야기는 여느 동화들처럼 '그 둘은 행복하게 오래오래 살았습니다'로 끝나지 않습니다. 테스를 닮은 과거의 숱한 여인들은 행복한 삶을 살지 못했을 가능성이 많습니다. 그녀들에게 희생은 당연한 것이었을지도 모르겠습니다. 앞으로 다가올 미래의 테스들은 좀 더 오래 행복하길 바랍니다. 단지 여자라는 이유로 차별받고 부당한 강요를 받지 않는 세상에서 말이지요. 그러나 안타깝게도 혐오의 대상이 되는 이들은 상대적으로 세상에 저항할 힘이 별로 없는 이들일 가능성이 많습니다. 그런데 세상에 혐오를 할 수 있는 사람, 혐오를 당해도 괜찮은 사람이 따로 있는 것일까요? 혐오라는 말이 거북하다면 '차별'로 바꾸어서 물어봅시다. 마음속에서 돌아오는 대답, 그것은 무엇인가요? 이 대답에 따라 앞으로 언제 어느 자리에서 마주칠지 모를 또 다른 테스들의 운명을 바꿀 수 있지 않을까요?

혐오

마음 엿보기

: '싫다', '밉다'의 마음을 포함하여, 타인 혹은 어떤 존재에 대해 부정과 경멸의 시선을 보내는 것을 말한다.

노먼 록웰, 〈장난, 상점 주인과 소녀〉, 1948, 노먼 록웰 미술관

'이거 어때? 재밌지? 나는 재미있는데 …………'

'너무 놀라지 마, 장난이잖아. 이런 거 네가 처음은 아니야.'

할아버지의 장난이라고 하기에는 너무 섬뜩한 그림 속 상황을 바라보며 '그냥 장난일 뿐인데 뭘, 재미있지 않아?'라고 속삭이는 할아버지의 목소리가 들리는 것 같습니다. '네…… 재미있어요'라고 해야 할지, '싫어요!'라고 해야 할지 망설이는 목소리도 들립니다. 하지만 소녀가 어떤 선택을 하든 할아버지의 장난은 소녀에게 즐거움이 아닌 힘겨움을 느끼게 했을 테지요.

상대에 대한 배려 없음은 우리 사회가 보여 주는 혐오의 특징 중 하나입니다. '그냥 싫어', '그게 뭐가 잘못된 거야?', '나만 그러냐?' 등의 말과 함께 타인에 대한 비난과 싫음의 감정을 쏟아 내는 일들은 오랜 뿌리를 가지고 이어 온 일들일 경우가 많습니다. 그런 탓에 대다수의 사람들이 무엇이 잘못된 것인지 알지 못하거나, 잘못된 것이라고 지적하는 경우 의문과 질타의 시선을 보내기도 합니다. '지금까지 조용하다가 갑자기 왜 이래?' 하고 말이지요.

과연 지금까지 조용했던 까닭이 이상하지 않다고 여겼기 때문일까요? 그건 아니겠지요. 어떻게 해야 할지 알 수 없었거나, 말할 수 있는 통로가 막혀 있었거나, 문제를 제기하는 것 자체가 두려웠을 수도 있어요. 예쁘다는 이유로 희롱의 대상이 되고, 착하면 바보 같다고 무시의 대상이 되며, 생각이 다르면 다르다는 이유로 비난을 받아야 하는 상황을 쉽게 받아들일 수 있는 사람은 많지 않을 테니까요. 이처럼 혐오는 상대에게서 원인을 찾습니다. 나는 정상인데 상대가 이상하기 때문에 당연히 무시당하고, 비난받아야 한다고 생각하는 것이지요. 마치 프로쿠르테스가 나그네를 침대에 눕힌 뒤 침대보다 다리가 짧으면 늘이고 길면 자른 것처럼 말입니다. 프로쿠르테스의 침대에서 살아남을 수 있는 사람이 없었던 것처럼 이런 논리에서 자유로울 수 있는 사람은 없습니다. 프로쿠르테스 또한 테세우스에게 똑같은 수법으로 목숨을 잃었던 것을 보면 언젠가는 화살이 자신에게로 향하기 마련이라는 사실도 잊지 말고요.

우리 사회에서 혐오의 문제를 이야기하며 무엇을 할 수 있다거나, 무엇을 해야 한다거나 혹은 무엇은 하면 안 된다처럼 대안을 제시하기란 어렵습니다. 이미 굳어 버린 사회의 통념을 바꾸는 일은 에인절이 죽음의 위기를 겪어야 하는 정도의 고통이 필요한 일일테니 말이지요. 하지만 아직 오지 않은 세상을 준비하는 여러분이라면 조금 달라지지 않을까요? 지금 펼쳐지는 논쟁과 다양한 시선을 지켜보며 세상을 달리 바라볼 나만의 눈을 만들면서 말이지요. 프로쿠르테스의 침대에 사람들을 올려놓지 말고, 괴상한 인형을 든 어른들의 이야기에 무조건 고개를 끄덕이지 말고요.

16

꿈에 관한 몇 가지 질문

바로 이 파란 잔디밭에 오기까지

그는 참으로 먼 길을 돌아 왔다.

이제 그의 꿈은 손만 뻗으면 닿을 곳에 있었다.

『위대한 개츠비』, 프랜시스 스콧 피츠제럴드, 1925

(문학동네, 2009, 224쪽)

우림 : 아! 드디어 시험이 끝났다는~. 공부하느라 죽을 뻔했네.

미연 : 남들이 들으면 매일 밤샌 줄 알겠다! 그나저나 너는 꿈이 뭐야?

우림 : 나? 선생님!

미연 : 잉? 선생님? 나는 네가 하도 연예인 스케줄 꿰고 있어서 연예부 기자 뭐 이런 거 한다고 할 줄 알았더니. 어떤 선생님이 될 건데?

우림 : 우아하게 고등학교 국어 선생님!

미연 : 너처럼 맨날 방송국 따라다니는 애가 우아한 국어 선생님이라, 어쩐지 안 어울린다! 그런데 국어 선생님이 왜 되고 싶은 거야? 그리고 우아하다는 건 또 뭐야?

우림 : 어…… 그, 그건 잘 모르겠어. 사실 어릴 때부터 국어 선생님이 되라는 말을 하도 들어서 그냥 그게 내 꿈이 된 것 같기도 해.

미연 : 뭐야, 그게! 네 꿈은 네가 정해야지.

우림 : 그러는 너는 꿈이 뭔데?

미연 : 나? 아직 잘 모르겠지만 일단 남들에게 웃음을 주는 일!

우림 : 하하. 뭐 그런 이상한 꿈이 다 있냐? 일단 나는 웃겼으니 가능성은 있네.

● '너는 꿈이 뭐니?'라고 묻는 어른들에게 어떤 대답을 해야 할지 막막하지 않나요? 도대체 꿈이라는 게 뭔지도 잘 모르겠는데, 꿈을 말하라니요. 뭐 또 고민 고민해서 겨우 이야기를 해도 '그게 무슨 꿈이냐'부터 '힘들게 왜 그런 일을 하냐'라는 말까지 힘을 빼는 경우도 많잖아요.

미연이의 꿈에 대한 우림이의 반응이 낯설지 않은 까닭은 우리 대부분이 겪어 본 일이기 때문이겠지요. 그래서 언젠가부터 꿈을 묻는 질문에 우림이가 그랬듯 의사나 선생님처럼 어른들이 끄덕일 만한 직업을 이야기하게 되었는지도 모르겠습니다.

그럼 우림이는 선생님이 되면 행복한 삶을 살 수 있을까요?

우리는 오늘 이 질문에 대한 답을 찾아가려고 합니다. 자신의 꿈을 이루며 사는 어른들은 없어 보이지만 끊임없이 '너는 뭐가 되고 싶니?'를 묻는 어른들과는 사뭇 다른 개츠비를 통해서 말이지요. 비록 소설 속 주인공이기는 하지만 그는 자신이 꿈꾸었던 일들을 이룬 인물이거든요. 이제 그를 따라가서 확인해 보도록 합시다. 꿈을 이루면 행복할 수 있을지를 말입니다.

평생에 걸쳐 이뤄 나가야 하는 일에서부터 작지만 꼭 이루고 싶은 소망에 이르기까지 실현하고 싶은 많은 것을 '꿈'이라고들 하지요. 그렇다면 지금 여러분의 '꿈'은 무엇인가요? 그리고 그 꿈이 이루어지면 행복할까요?

스콧 피츠제럴드의 『위대한 개츠비』도 우리에게 같은 질문을 던집니다. "꿈을 이루면 행복해질까요?" 하고 말이죠. 작품의 배경이 되는 미국의 이스트에그와 웨스트에그는 오늘날에도 엄청난 부자들이나 산다는 미국의 동부 지역입니다. 다만 이스트에그가 뼈대 있는 부자들이 오래전부터 자리 잡고 살아 온 동네라면 웨스트에그는 이제 막 부자의 대열에 합류한 사람들이 자리를 잡으며 만든 동네라는 차이가 있죠. 우리나라로 치자면 강북의 한남동과 강남의 청담동 정도라고 할 수 있겠어요. 강북과 강남 사이에 한강이 흐르듯 이스트에그와 웨스트에그도 롱아일랜드 해협을 사이에 두고 있습니다. 걸어서는 건널 수 없는 이 두 동네가 바로 이 소설의 배경이지요. 지금은 웨스트에그의 부자인 개츠비도 한때는 무일푼의 군인이었습니다. 그런 그가 데이지의 사랑을 얻은 것은 기적이었지요. 하지만 데이지의 사랑은 오래가지 못했습니다. 군인인 개츠비가 전쟁터로 떠난 뒤 기다리는 게 점점 힘들어진 데이지는 사랑, 돈, 명예까지 갖춘 톰 뷰캐넌과 결혼하고 말 거든요. 그리고 개츠비는 다시 한 번 더 기적을 바라게 됩니다. 떠나 버린 데이지가 자신의 곁으로 돌아오는 기적을요.

그럼 개츠비는 기적을 이루었을까요? 잘 알고 있다시피 소설은 개츠비의 죽음으로 끝이 납니다. 데이지는 개츠비의 죽음을 외면한 채 톰과 멀리 사라져 버리지요. 그러면 '왜 데이지의 사랑은 오래가지 못했지? 왜 개츠비는 그렇게 죽을 만큼 고생하며 다시 데이지를 만나고 싶어 했지?'라는 궁금증이 생길 거예요.

데이지는 가난하고 미래마저 불투명한 개츠비가 처음으로 만난 상류층의 여자입니다. 끝없이 이어지는 복도와 아름다운 침실들, 화려한 신차의 향기가 물씬 풍기는 데이지의 집은 그야말로 개츠비가 꿈꾸어 온 모습이었습니다. 그러니까 데이지와의 사랑은 곧 그에게 꿈의 완성과 같은 것이지 않았을까요? 그런데 그녀가 다른 남자와 결혼을 해 버리다니요. 개츠비에게 꿈이 사라지고 만 것이지요. 하지만 그는 쉽게 포기하지 않았습니다. 다시 꿈을 찾기 위해, 데이지를 찾기 위해 수단과 방법을 가리지 않고 돈을 모아 웨스트에그의 밤을 환하게 밝힙니다. 이스트에그의 데이지가 제발 바라봐 주길 바라면서 말입니다. 하지만 데이지를 다시 만난 개츠비는 행복하지 않습니다. 다시 만나기만 하면 모든 것을 포기하고 자신의 품으로 돌아올 줄 알았던 데이지가 어떤 결정도 못한 채 갈팡질팡하기 때문입니다. 개츠비는 당혹스럽지 않았을까요? 더구나 데이지를 위해 화려한 파티, 으리으리한 집, 번쩍거리는 차까지도 마련

했는데 말이지요. 톰과 이혼하고 자신을 선택할 줄 알았던 데이지가 톰도 사랑했고 자신도 사랑했다고 말하자 개츠비는 그만 할 말을 잃고 생기마저 잃고 맙니다. 꿈을 이루었는데 왜 개츠비는 행복하지 못할까요? 아마도 그것은 데이지의 꿈과 개츠비의 꿈이 서로 달랐기 때문은 아닐까요? 개츠비에겐 데이지가 기적과도 같은 존재일 수 있지만, 데이지에게 개츠비는 꿈이 아니었으니까요.

'개츠비는 데이지와 다시 만날 바로 그 순간을 상상하고 기다렸던 시간이 더 행복하지 않았을까?'라는 생각을 해 봅니다. 영국제 셔츠에 파묻혀 '너무 아름다운 셔츠야!'라고 흐느끼는 데이지를 보는 것보다는 말이지요. 하지만 개츠비는 여전히 데이지를 사랑합니다. 아니 사랑해야만 합니다. 왜냐하면 개츠비에게 데이지는 꿈이니까요. 자신이 꿈꾸어 왔던, 이뤄야만 하는 일이니까요. 서로의 다른 꿈을 같다고 착각한 이들의 사랑은 결국 비극으로 끝이 납니다. 톰의 정부였던 머틀은 술에 취한 데이지가 운전한 차에 치여 죽고, 데이지의 연인이던 개츠비는 톰의 거짓말로 죽게 되니 말이지요. 사실 톰과 데이지도 누군가의 꿈이었습니다. 자동차 정비소를 하는 윌슨의 아내 머틀에게는 톰이, 오로지 재회의 순간만을 꿈꾸었던 개츠비에게는 데이지가 꿈이었지요. 하지만 머틀의 꿈도, 개츠비의 꿈도 이루어지지 못한 채 끝이 납니다. 소설은 다시 묻습니다.

"꿈이 이루어진다고 행복할까요?"

앞에서 만난 우림이와 미연이는 어떤 꿈을 꾸고 있나요? 우림이는 왜 우아한 국어 선생님이 되고 싶은 걸까요? 우림이뿐 아니라 대부분의 십 대들은 되어야 할 그 '무엇'을 가지고 있을 겁니다. 그런데 왜 그 무엇이 되고 싶나요? 개츠비 역시도 '나는 왜 데이지를 사랑하고 있지? 데이지를 왜 다시 만나고 싶어 하지?'라는 질문을 하지 않았습니다. 만약 개츠비가 이런 질문을 하고 고민했다면 어떠했을까요? '돈에 충만한 목소리야'라며 허영심에 가득한 데이지를 만나지 않았을 수도 있고, 부자가 되기 위해 위험한 일에 몸담지 않았을 수도 있습니다. 그런데 개츠비는 데이지의 허영을 채우기 위해 망설임 없이 위험한 일을 합니다. 어쩌면 그건 개츠비가 사랑한 사람이 데이지가 아니라 자기 자신이기 때문은 아닐까요? 그도 몰랐을 마음은 이렇게 말하고 있는 듯합니다.

'네가 떠나 버린 내가 이렇게 성공했어! 너를 위한 자리는 여전히 비워 두었어. 이 자리에 와서 나의 꿈을 완성해 줘!'

꿈이란 개츠비의 집에서 보이는 데이지네 집의 초록 불빛과 같은 것이라는 생각을 해 봅니다. 팔을 뻗으면 닿을 만한 거리에 있지만 잡을 수는 없는 것, 그리하여 계속 동경하고 바라보게 되는 것, 등대의 불빛처럼 일정한 방향 같은 것이 꿈의 성질일 수도 있습니다. 그런데 개츠비는 뻗으면 닿을 것만 같은 그곳을 향해 돌진했고 그 불빛을 잡았습니다. 하지만 그것은 상상했던 것처럼 화려하지도 따뜻하지도 아름답지도 않았습니다. 오히려 개츠비를 죽음에 이르게 할 만큼 위협적인 것이었지요. 소설을 통해 우리는 꿈에 취해 주변을 돌아보지 못하는 삶이 얼마나 위험한지를 알게 됩니다. 꿈이라는 것은 그 과정을 위해 존재하는 것일지도 모르니까요. 소망을 가지고 그것을 이루기 위해 조금씩 노력하는 것, 끊임없이 흔들리는 불빛을 향해 질문하고 의심하는 것이 꿈의 역할이 아닐까요? 남들에게 웃음을 주는 삶을 살고 싶다는 미연이의 꿈처럼 말이지요. 개그우먼이 되든 제빵사가 되든 미연이는 남들에게 웃음을 주는 삶을 찾아가며 행복할 테니 말이지요. 행복은 거창한 것이 아니라 스스로 선택하고 만들어 가는 과정에 있는 것입니다.

마지막으로 개츠비가 위대한 이유는 그의 삶이 우리에게 꿈에 대한 이야기를 건네고 있기 때문입니다. 물론 그의 삶이 꿈을 성공적으로 이루었다고 할 수는 없습니다. 하지만 그의 실패가 건네는 질문이야말로 위대하다고 할 수 있습니다. '나는 이 꿈이 이루어지면 행복해질까? 나는 왜 이런 꿈을 가지게 되었지? 이 꿈은 무엇을 위한 것이지?' 등등 말입니다. 스스로의 상상에 취해 의심조차 하지 않는 꿈들, 타인의 시선과 인정을 위한 꿈들이 이루어진다고 과연 행복할 수 있을까요? 오로지 목적을 향해 나아가다 막상 잡은 불빛의 실체를 마주하고 놀라지 않기 위해서라도 그 과정에서 질문하고 또 질문하기 바랍니다.

자기애

마음 엿보기

: 자기 자신에 대한 사랑. 타인에게 주어야 할 사랑을 자신에게 쏟아부으며 자신의 가치를 높이려는 마음이다.

미켈란젤로 메리시 다 카라바조, 〈나르키소스〉, 1594~1596, 로마 국립고대미술관

"넌 이름이 뭐니?"

"넌 이름이 뭐니?"

"아니, 네 이름이 뭐냐고? 제발 이름이라도 말해 줘!"

"아니, 네 이름이 뭐냐고? 제발 이름이라도 말해 줘!"

나르키소스는 아름다운 청년이었습니다. 그의 모습은 사람뿐 아니라 요정의 마음까지도 빼앗기에 충분했지만 그는 어느 누구도 사랑하지 않았습니다. 그런 그가 사랑에 빠집니다. 사람뿐 아니라 요정마저도 사랑하는 바로 자기 자신과 말이지요. 사냥을 하던 나르키소스는 샘물 속에 너무나 아름다운 이가 살고 있음을 발견합니다. 사실 그것은 물에 비친 자신이었지만 이를 알아채지 못했던 나르키소스는 그를 물의 요정이라 생각하고 사랑에 빠진 거지요. 그는 자신의 말을 따라 하기만 할 뿐 궁금한 것에 대해 시원스레 대답해 주지 않습니다. 마침내 화가 난 나르키소스는 '이제 그만둬!' 하고 돌아섭니다. 하지만 자신과 함께 그도 멀어진다는 것을 깨닫고 그가 사라지려는 찰나 허겁지겁 뛰어와 '아니야. 내가 잘못했어. 제발 가지 마!'라고 애원합니다. 나르키소스는 사랑과 이별의 말을 수없이 뱉어 보다가 샘물 곁을 지키는 것 말고는 할 수 있는 일이 없음을 깨닫고 물속에 비친 모습을 바라보다 죽음에 이르고 맙니다. 사람뿐 아니라 요정에게도 사랑받던 나르키소스는 어쩌다 자기 자신에게 사랑을 고백하다 죽음에 이르게 되었을까요? 복수의 여신인 네메시스의 저주 때문이라기에는 어쩐지 부족한 느낌입니다. '자신을 사랑하게 되는 것이 왜 저주가 되지?'라는 의문이 들다가 네메시스의 저주는 자신을 사랑하게 되는 것이 아니라 사랑의 대상 말고는 아무것도 보지 못하는 '맹목'이라는 것을 깨닫게 됩니다. 묻지도 따지지도 않는 맹목적인 사랑 말이지요.

우리말로 '자기애'라고 해석되는 나르시시즘은 바로 이 나르키소스의 신화에서 유래되었습니다. 자기애는 자기에 대한 사랑을 말하지요. 최근 SNS 등의 허세글이라 불리는 글에서 나르시시즘을 찾기란 어렵지 않습니다. 멋진 사진과 함께 게시되는 자랑글 중 대부분은 자신에 대한 애정이 뒷받침되어 있으니까요. 읽는 사람들은 허세글을 올린 사람들을 보고 '아, 스스로를 되게 자랑스러워하나 보다'라고 생각할 수도 있지만 오히려 이런 글 속에는 타인에게 인정받고 싶어 하는 욕구가 숨겨져 있습니다. '좋아요'와 같은 타인의 반응을 통해 자신의 존재를 확인하려는 경우도 마찬가지겠지요. 허세글은 이렇게 자신에 대한 사랑과 자신에 대한 불안을 동시에 드러냅니다. 나르키소스와 같이 사랑하면서도 불안한 상태처럼요. 그런 의미로 나르시시즘에 빠진다는 것은 자신을 사랑하는 것이 아니라 세상이 자신을 사랑해 주길 온 힘 다해 외치는 행위일 수 있습니다. 개츠비도 마찬가지였지요. 개츠비가 그토록 데이지의 사랑을 원했던 이유는 데이지의 사랑을 통해서만 자신이 완성될 수 있다고 믿었기 때문입니다. 그는 데이지를 사랑한다고 믿었지만 결국 데이지처럼 되고 싶은 자기 자신을 사랑한 것이거나 데이지의 사랑을 얻은 상상 속의 자신을 사랑한 것이니 말입니다. 앞뒤의 상황을 전혀 고려하지 않고 아이처럼 떼쓰기를 반복하는 개츠비의 사랑에서 나르키소스의 맹목을 발견하는 일은 그리 어렵지 않습니다.

'그럼 자신을 사랑하면 안 되는 건가요?'라고 묻는 친구들이 있을 것 같습니다. 아니요, 됩니다. 세상의 그 누구와도 같지 않은 자신은 분명 사랑해야 하지만 나르키소스처럼, 개츠비처럼 무엇인가에 홀린 듯 따라가게 되는 것을 사랑해서는 안 되겠지요. '그럼 사랑할 때 이리저리 따지고 재야 하는 건가요?' 하고 반문하는 사람들이 있을지도 모르겠습니다. 하지만 사랑은 이유가 없는 게 아니라 이유마저 뛰어넘는 것이 아닐까요? 그리하여 나의 사랑이 이유를 뛰어넘을 만한 것인지 묻고 또 묻는 과정이 필요합니다. 이 과정을 거쳐야 자기 자신과 자신을 둘러싼 세상을 객관적으로 바라볼 수 있는 힘을 기를 수 있을 테니까요.

17

모험의 즐거움

톰은 자신을 둘러싼 문제들을 깡그리 잊어버렸다.

그건 그 문제들이 어른들에 비해 덜 무겁거나

덜 고통스러워서가 아니라 새롭고 강렬한 관심사가 골치 아픈

문제들을 잠시 마음속에서 몰아냈기 때문이다.

『톰 소여의 모험』, 마크 트웨인, 1876

(문학동네, 2014, 18쪽)

지은 : 뭐 먹을까?

은아 : 네가 먹고 싶은 걸로.

지은 : 그게 뭐야? 너도 먹고 싶은 게 있을 게 아니야. 여기 메뉴판!

은아 : 음, 김밥, 우동, 떡볶이, 쫄면, 비빔밥……. 너무 많아! 못 고르겠어.

지은 : 그럼 김밥이랑 떡볶이 시켜서 같이 먹자. 무슨 김밥 먹을래?

은아 : 나는 이런 게 너무 어려워. 네가 결정해.

지은 : 일단 참치 김밥 먹자. 나중에 이상하다고 하기 없기!

은아 : 알았어. 그런데 참치랑 떡볶이랑 어울릴까?

지은 : 야! 그럼 네 생각을 이야기하든지!

은아 : 아니야. 괜히 내가 선택했다가 이상하면 어떡해. 그냥 참치 김밥 먹자.

지은 : 은아야, 너는 왜 매번 선택을 안 해? 뭐가 힘든 거야?

은아 : 뭘 선택해야 할지 잘 모르겠어. 뭐든 쉽게 결정하는 네가 부럽다.

지은 : 아니, 그게 부러울 일은 아니지. 너는 다른 일에도 그래?

은아 : 응. 좀처럼 뭘 결정하는 게 너무 힘들어. 진로도 누가 결정해 줬으면 좋겠다니까.

● 은아의 고민은 무엇일까요? '무엇을 먹을지 몰라서? 이것도, 저것도 먹고 싶은 마음 때문에?' 아니지요. 은아의 진짜 마음은 '괜히 내가 선택했다가 이상하면 어떡해'라는 대답에서 알 수 있듯이 자신의 선택이 잘못되었을 경우에 듣게 될 핀잔들 혹은 후회 때문입니다. 어쩌면 은아는 자신의 선택 때문에 후회한 경험이 있을지도 모르지만 그렇다고 해서 매번 무엇인가를 다른 사람이 결정해 줄 수는 없는 일이지요.

그런데도 은아의 고백처럼 무엇인가를 결정하는 일이 점점 힘들어진다는 사람을 만나는 일이 요즘은 새삼스럽지 않습니다. '결정 장애'라는 말을 만들어 낼 만큼 많은 사람들이 선택 앞에서 망설이며 살아가고 있으니까요.

하지만 은아처럼 선택을 다른 사람들이 하도록 미루다 보면 자신의 삶조차 타인에게 맡겨야 할 상황이 될지도 모릅니다. 참치김밥이 영 못 미더운 은아의 마음처럼 남이 결정해 준 삶은 불편한 마음이 들 것입니다.

선택이 두려울 때, 우리는 어떻게 하는 것이 좋을까요?

'이렇게 옛날이야기들이라니. 그리고 이렇게 황당한 이야기라니.'

톰의 모험이 흥미로운 것은 맞지만, '그래서 뭐? 어쩌라고?'라는 생각을 떨쳐 내기는 쉽지 않습니다. 말썽꾸러기 톰은 악의는 없을지라도 거짓말을 밥 먹듯이 하고, 술과 담배, 가출도 서슴지 않는 사춘기 소년입니다. 다른 사람 앞에서 폼 잡고 으스대기를 좋아하며, 친구들을 속여서 자신의 잇속을 챙기기도 하는 약삭빠른 아이이지요. 게다가 그의 고장인 미시시피 강가 세인트피터스버그에서 일어난 사건은 스산하기만 합니다. 죽은 쥐와 고양이를 아무렇지도 않게 끌고 다니는 아이들, 무덤 도굴, 살인, 가출, 밀주, 인디언 조의 뜻밖의 죽음 등으로 이어지는 소설의 사건들은 모험이라기보다는 괴담에 가깝다는 생각마저 듭니다. 『톰 소여의 모험』이라는 그럴듯한 제목과 달리 도전과 모험으로 성장하는 아이들은 없는 것처럼 보입니다. 오히려 요행으로 부자가 된 아이들, 이를 부러워하는 어른들이 있을 뿐이지요. 한때는 금서가 되기도 했던 이 소설이 어떻게 미국을 대표하는 문학 중 하나가 되었을까요? 소설을 읽는 내내 이런 궁금증이 생겼습니다.

그러다 '모험'이라는 단어가 눈에 들어왔습니다. 이 단어에 담긴 설명하기 힘든 흥분과 기대를 생각하다가 어쩌면 이 소설이 오랫동안 읽힌 까닭에는 톰의 모험에 우리들의 바람이 담겨져 있기 때문은 아닐까라고 생각하면서요. 물론 소설 속 톰처럼 해적이 되어 약탈을 꿈꾸지는 않겠지만 일상을 벗어나는 일탈은 누구나 한번쯤 꿈꾸었을 테니까요. 더구나 그런 일탈이 착실하게 어른들의 말을 듣는 것보다 훨씬 나은 결과로 나타나 보란 듯이 어른들의 코를 눌러 버리고 싶은 소망도 가져 보았겠지요. 톰의 가출과 모험이 금화를 가득 담은 자루로 이어진 것처럼 말이지요. 물론 대부분 이런 바람은 생각만으로 그치거나 혹 실행했더라도 톰처럼 보물을 찾지는 못했겠지만 말이지요. 그러나 누구나 그런 바람을 가져 볼 수는 있지 않을까요? 학교를 그만두고 집을 떠나 숨겨진 재능을 발휘하거나 키다리 아저씨의 도움으로 지금과는 다른 삶을 산다거나 하는 상상들 말이지요.

하지만 아이들의 이런 상상에는 자유와 책임에 대한 이해가 부족하거나 자신의 행동이 가져올 여파는 전혀 고려하지 않았을 가능성이 크지요. 그리하여 자유와 책임에 대한 경계가 분명하고 손익을 따지는 어른들에게 이런 상상은 질타와 경계의 대상이 될 뿐입니다. '그렇게 해서 뭐할 건데?'라는 물음과 함께 말입니다. 이처럼 『톰 소여의 모험』은 오늘날에도 여전히 유효한 어른과 아이 들의 세계가 충돌하는 모습을 보여 줍니다. 미래에 대한 불안보다는 기대가 더 많은 아이들은 현실을 벗어나려고만 하고, 어른들은 아이들의 모습이 한때에 불과하다며 억누르려고 합니다. 지금 여러분의 삶과 별반 다르지 않게 말이지요. 그러면 어떻게 살아가는 게 맞는 걸까요? 어른들의 말에 고분고분 순종하는 것과 톰처럼 하고 싶은 것을 해 보는 것 사이에서 말이지요.

사실 두 세계 중 정답은 없어 보입니다. 톰과 같은 모험을 권해야 할지도 잘 모르겠습니다. 하지만 중요한 것은 만약 톰이 모험을 하지 않았다면, 그와 같은 도전이 없었다면 톰은 절대 보물을 찾지 못했을 거라는 점입니다. 그렇다면 '모두 톰과 같이 일탈해야 하나요?'라는 물음이 생깁니다. 물론 절대 그렇지 않다고 대답할 것입니다. 왜냐하면 그의 일탈을 모방하기에 오늘날의 사회는 너무나 위험하고, 그의 요행은 소설이기에 가능했던 것이기 때문이지요. 우리는 여기서 '톰과 같은 일탈'이 아닌 '톰처럼 포기하지 않는 용기'를 발견할 수 있습니다. 만약 톰이 베키와 갇힌 동굴에서 길을 잃고 모두 포기했다면, 인디언 조의 복수가 두려워서 머프 포터의 누명을 벗겨 줄 증언을 포기했다면 어떻게 되었을까요? 아마 톰은 베키와 동굴 속에 그대로 갇혀 있었을 테고, 머프 포터는 자신이 무슨 일을 했는지도 모른 채 죽어야 했겠지요. 하지만 톰은 실패에 대한 두려움 때문에 포기를 선택하지는 않았지요. 오히려 지나친 긍정과 주체할 수 없는 장난기로 사람들의 애를 태우기는 했습니다. 하지만 톰은 누구나 경계하는 허크와 허물없이 지내고 허크의 사마귀를 떼어 내기 위해 깊은 밤의 무서움을 마다하지 않으며, 생명의 위협을 느끼면서도 억울한 누명을 쓴 머프 포터를 위한 증언을 하고, 동굴을 더듬으며 어둠 속에서 길을 찾고, 보물을 찾아 나섰다가 진짜 보물을 발견합니다.

'소설은 소설이잖아요. 톰은 운이 좋은 거고요'라고 할 수도 있습니다. 하지만 누구나 앞으로 일어날 일은 알 수 없습니다. 은아가 선택한 김밥이 맛있을 수도 있고, 지은이의 선택이 실패일 수도 있습니다. 하지만 이런 사소한 선택 앞에서조차 망설인다면 톰에게 찾아온 행운은 아예 만날 수 없을지도 모릅니다. 톰이라고 늘 성공했던 것은 아닙니다. 베키 앞에서 으스대다 망신을 당하고, 동굴 속에서는 같은 길을 맴돌고, 보물이 묻힌 장소를 엉뚱한 곳으로 알기도 합니다. 하지만 톰은 그런 실패들을 두려워하지 않았습니다. 아니, 마음에 크게 담아 두지 않았고 금세 잊고 다른 일에 몰두합니다. 물론 소설 속 톰은 기막히게 운이 좋고, 우연히 많은 것들을 얻습니다. 하지만 톰은 또 무엇이든 도전했고 주저하지 않았다는 점은 머뭇거리며 살아가는 우리들에게 '그냥 해 봐'라는 아주 단순한 메시지를 건넵니다. '너무 많이 생각하고 재는 것은 어른이 돼서 해도 돼'라고 속삭이기까지 합니다. 아무런 시도도 없이 머뭇거리며 망설이는 경우의 대부분은 사실 그렇게 중요하지 않은 일일 경우가 많습니다. 매점 앞에서, 옷을 고르면서, 친구와 주말에 할 일을 정하면서 등등 사소한 일상일 경우에 말이지요. 그런 경우 그냥 해 보면 어떨까요? 오늘 먹은 메뉴가 맛이 없다면 다음에 안 먹으면 되고, 오늘 옷이 마음에 안 들면 다음에는 다른 옷을 입으면 되니까요. 하지만 이런 선택 앞에서 자꾸 망설이다 보면 정작 중요한 결정 앞에서도 망설이게 됩니다. 은아의 경우처럼 자신의 진로마저도 다른 사람의 손에 맡겨 버리게 되는 것이죠. 그러면서도 마음에 들지 않아 투덜거립니다. 그렇다면 우리는 왜 스스로 결정하기를 두려워하는 것일까요? 여러 가지가 있겠지만 아마도 실패에 대한 두려움이 가장 큰 이유가 아닐까요? 대개 실패는 타인의 핀잔과 질타뿐 아니라 다른 사람과의 비교에서 오는 좌절감까지 견뎌야 하니까요. 우리 사회는 경제, 외모, 성적 등 숱한 잣대로 사람을 비교하는 데 익숙합니다. 늘 승승장구하는 사람들이야 비교를 통해 우월감을 맛볼 수 있겠지만 '엄친아, 엄친딸'이 아닌 이상에야 좌절감을 더 자주 느끼겠지요. 그리하여 결정을 유예하거나 아예 다른 사람에게 결정권을 넘겨 버리게 되는 일이 생깁니다. '차라리 엄마가 선택해 줘. 차라리 네가 선택해'와 같이 말입니다. 이런 경우 스스로 선택하지 않았으니 실패에 대한 부담도 훨씬 줄고 만약 실패하더라도 원망의 대상이 있기 때문에 비난이나 핀잔에서도 자유로울 수 있습니다. 하지만 만약 톰이라면 절대 그렇게 하지 않겠지요. 우왕좌왕하고 좌충우돌할지는 모르겠지만 톰은 스스로 선택하고 경험해 보려고 노력했을 것 같습니다.

성공의 경험만큼이나 실패의 경험도 중요합니다. 왜냐하면 실패해 보지 않은 사람은 다시 일어서는 방법을 알 수 없을 테니까요. 작은 실패들을 경험하고 다시 일어서는 회복력을 가질 수 있는 용기는 비교의 시대를 살아가는 우리에게 꼭 필요한 자세일 것입니다. 실패를 하나하나 극복해 가면서 어른들과 생기는 갈등을 풀어가는 현명함도 얻게 되지 않을까요? 톰이 언제나 그래 왔던 것처럼 말이지요.

마음
엿보기

용기

: 씩씩하고 굳센 기운. 두려움을 피하지 않기 위해 꼭 필요한 마음이다.

이중섭, 〈봄의 어린이〉, 1953, 개인 소장

인간은 생각하기도 하고 만들기도 하지만 놀기도 합니다. 이런 인간을 철학자 요한 하위징아는 '호모 루덴스', 즉 놀이하는 인간이라 명명했습니다. 인간의 놀이는 오늘날의 문학, 예술, 사상 등 문화의 기본이 되었습니다. 고대 동굴 속 벽화들의 묘사와 생동감 있는 표현들이 처음부터 가능했던 것은 아닐 것입니다. 무료한 시간을 달래며 바닥에 끄적거리던 최초의 인간이 있었을 테고 그것을 보다 세밀하게 그리고 싶은 욕망 등이 결합하면서 최초의 그림이 탄생하지 않았을까요? 그림뿐 아니라 음악이나 문학도 비슷한 과정을 거치며 생겨났고 이어졌을 겁니다. 이렇듯 놀이하는 인간, 호모 루덴스는 인류에게 오랫동안 이어진 DNA이자 인류의 문화를 만들어 낸 원동력이라고 할 수 있습니다.

이중섭의 그림 〈봄의 어린이〉에는 천진난만한 모습으로 놀고 있는 아이들이 등장합니다. 나무, 꽃, 나비 들과 한데 어우러져 마음과 몸이 시키는 대로 자유롭게 노는 아이들입니다. 세인트피터스버그의 톰과 그의 친구들 또한 자신들의 몸에 흐르는 DNA에 충실하게 반응하며 성심성의껏 놀았습니다. 때때로 친구와 싸우기도 하고, 목숨이 위태로운 상황에 처하기도 하지만 아이들은 끝없이 놀이를 만듭니다. 이 둘 모두에 등장하는 아이들은 현실의 삶에 전혀 무익한 놀이에 심취하였습니다.

그런데 왜 갑자기 놀이 타령이냐고요? 왜냐하면 놀이야말로 실패를 경험할 수 있는 가장 쉬운 방법이기 때문이지요. 또 놀이를 통해 내 마음대로 되지 않는 몸을 인지하게 되고, 생각이 다른 친구를 설득해야 하며, 협상을 통해 원하는 방향으로 놀이를 이끌어 가기도 해야 합니다. 그런데 이런 시간들을 빼앗긴 채 성장한 아이들은 실패와 마주하는 방법을 배울 기회가 없습니다. 용수철처럼 튕겨내고 팽팽하게 버티는 탄력성은 삶에도 매우 필요한 부분임에도 불구하고 말이지요. 그런 의미에서 실패에 대한 부담이 적은 놀이야말로 삶의 탄력성을 기르는 좋은 방법이 될 수 있습니다.

물론 음식을 고르고 진로를 결정하는 일에 머뭇거리는 은아의 상황을 놀이의 부재만으로 설명할 수는 없습니다. 다만 놀이든, 결정이든 선택과 실패의 경험이 없다면 은아처럼 자신의 삶에서 중요한 선택마저도 타인에게 넘겨줄 수도 있다는 것입니다. 당연히 남이 선택해 준 삶을 만족하며 살아갈 수는 없는 노릇이고요. 그렇다면 이제 생각하기 귀찮다는 말 뒤로 숨지 말고 결과를 책임지고 싶지 않은 마음과 마주하고 용기를 내어 보면 어떨까요?

놀다 보면 가끔은 말타기에서 떨어져 핀잔을 들을 수도 있지만 또 극적으로 가위바위보를 이겨 영웅이 될 수도 있습니다. 삶은 톰의 모험처럼 곳곳에 보물을 숨겨 놓고 기다리고 있을 테니까요.

18

슬픔이 건네는 위로의 힘

"당신이 세상에서 가장 좋은 사람이니까요.

당신이랑 같이 있으면 아무도 저를 괴롭히지 않아요.

그리고

내 가슴속에 행복의 태양이 빛나는 것 같아요."

『나의 라임 오렌지 나무』, 조제 마우로 데 바스콘셀로스, 1968

(동녘, 2014, 202쪽)

병일 : 아이, 씨발, 그냥 좀 놔둬요!

선생님 : 무슨 일인데 그래?

병일 : 선생님 때문 아니니까, 신경 끄세요.

선생님 : 네가 눈앞에 있는데 어떻게 신경을 안 쓰니?

병일 : 아무 상관없다고요, 학교 확 그만둘 거예요.

선생님 : 학교 그만두고 뭐할 건데?

병일 : 그딴 거 없어요. 알바해서 돈이나 벌겠지요! 씨발, 짜증나 죽겠네.

선생님 : 왜 화가 나는 건지 말해 줄 수는 없어?

병일 : 알아서 뭐하게요? 모두 다 내가 잘못했다고만 해요. 가난한 게 죄예요? 저도 제가 왜 이런 집에서 태어났는지 모르겠는데.

● 살다 보면 억울하고 분한 일을 경험하곤 합니다. 믿었던 친구의 거짓말, 누명을 쓰거나 의심을 받는 일들을 겪을 때 그렇지요. 하지만 정말 억울하고 분한 일들은 자신의 선택과는 전혀 무관하게 생겨납니다. 더구나 이런 경우에는 누구를 향해 화를 내야 할지 그 대상도 분명하지 않습니다. 혹 알더라도 대항하기

힘들 때도 많습니다. 열심히 일했던 회사의 일방적인 해고 통보, 건강 식품인 줄 알았던 것이 유독 식품임이 밝혀졌을 때 황당함을 넘어 분하고 억울한 감정이 북받치지요.

하지만 숱한 좌절과 분노를 경험하면서도 사람들은 희망을 이야기합니다. 자신과는 전혀 무관해 보이는 일 때문에 함께 슬퍼하기도 하지요. 강정 마을의 사제들, 크레인 위의 노동자들, 세월호의 유가족들, 이제는 몇 분 남지 않은 위안부 할머니들을 위해 내민 손을 보고 우리는 희망이라는 단어를 떠올립니다. 그리고 이런 희망은 다른 사람의 아픔에 대한 공감에서 시작되지요.

'아이, 씨발'을 입에 달고 살아가는 병일이의 마음에도 분노와 슬픔이 가득 차 보입니다. 자신을 의심하고 탓하는 사람들, 선택조차 할 수 없었던 집안 상황 때문에 힘든 병일이에게도 이런 희망을 건네 볼 수 있을까요? 다섯 살 제제가 내민 손에서 '나도 너처럼 힘들었어. 너를 조금은 이해할 수 있어'라는 공감의 메시지를 말이지요.

다섯 살 제제는 이사한 집 뒷마당에서 라임 오렌지 나무를 만났습니다. 누나와 형이 좋은 나무를 차지하고 난 뒤여서 제제는 이 나무가 마음에 들지 않았지요. 하지만 이 볼품없고 작은 라임 오렌지 나무는 제제에게 누구보다 소중한 친구가 됩니다. 왜냐하면 이 나무는 제제에게 말을 건네고, 제제의 이야기를 들어주었으니까요. 때때로 루이스의 말이 되기도 했지만 제제에게 라임 오렌지 나무 밍기뉴는 모든 이야기를 할 수 있는 친구였습니다. 성공한 이야기든, 실패한 이야기든 상관없이 말이지요. 만약 어른들에게 "제 친구 라임 오렌지 나무를 소개할게요. 이 나무는 제게 말도 건네고 제가 하는 말도 모두 들어줘요"라고 한다면 어떤 반응을 보일까요? 아마도 어른들은 헛웃음을 짓거나 "너, 지금 장난하니? 어른들한테 이러면 못써"라며 야단이나 치겠지요. 하지만 뽀르뚜가는 그렇지 않았습니다. 제제의 라임 오렌지 나무인 밍기뉴의 이야기를 귀담아 들어주었고, 자신의 나무인 까를로따 여왕을 소개해 주기까지 했습니다. 다섯 살 난 제제와 제제의 할아버지뻘인 뽀르뚜가는 이제는 서로를 이해하는 친구가 되었습니다.

이 소설은 이렇게 다섯 살 제제의 순진하고도 환상적인 생각을 바탕으로 이어집니다. 아이답지 않은 장난으로 눈살을 찌푸리게 하는 장면이 없는 것은 아닙니다. 유리칼로 빨랫줄 자르기, 스타킹으로 만든 뱀으로 사람 놀래키기, 극장 안에서 오줌 싸기, '아빠가 가난뱅이라서 싫어, 누나는 갈보야. 포르투갈인을 죽여 버리겠어' 등의 말은 제제의 나이를 의심하게 만들지요. 그렇다고 제제의 말과 행동이 진심을 담은 저주라고 볼 수는 없습니다. 어디선가 들어 본 말을 썼을 뿐이고, 앞으로 어떻게 될지를 생각하며 행동하기에는 아직 너무 어렸으니까요. 다섯 살 제제는 세상이 궁금합니다. 처음 듣는 말들은 제제의 호기심을 자극하지요.

하지만 가족 중 누구도 제제의 호기심에 대해 설명해 주거나 알려 주는 이는 없습니다. 제제의 배움은 에드문두 아저씨, 쎄씰리아 빠임 선생님, 마누엘 발라다리스를 통해 일어납니다. 제제는 그들 앞에서 심하게 장난치거나 경우를 벗어나게 행동하지 않습니다. 오히려 제제는 담임 선생님의 빈 꽃병을 염려하고 자신보다 더 가난한 도로띨리아를 걱정합니다. 집 안에서의 제제와 집 밖에서의 제제는 전혀 다른 아이입니다. 오직 글로리아 누나만이 제제를 보호할 뿐, 악마의 피가 흐른다고 비난하는 가족들 사이에서 제제가 행복하기란 쉽지 않아 보입니다.

물론 가족들은 어쩔 수 없었다고 이야기할 수도 있습니다. 아버지의 실직과 가난으로 인한 충격이 너무 컸기 때문이라고 변명할 수도 있겠지요. 하지만 그렇게 말하기에는 제제의 몸에 남은 매 자국들은 너무 큰 것이 아니었을까요? 제제에게는 망가라치바(열차)에 몸을 던져 버리고 싶을 만큼, 집을 나가고 싶을 만큼의 아픔이었습니다. 제제는 집에서 사랑을 느끼지 못하고 외로움을 느낄 뿐이지요. 아무에게도 이해받지 못하는 상황이 모든 말썽의 시작점이 되어 버리지요.

병일이의 외로움과 분노도 이와 비슷하지 않을까요? 선택할 수조차 없었던 가족과의 갈등, 무슨 일이든 자신으로 시작되었다는 오해는 하루 이틀 견딘다고 해서 해결될 문제가 아닐 테니까요. 제제나 병일이가 함께 느끼는 감정은 아마도 외로움이었을 겁니다. 제제는 자기 이야기를 라임 오렌지 나무와 뽀르뚜가에게 건넬 수 있었겠지만 병일에게는 아직 그런 존재가 없는 것처럼 보입니다. 그는 아무에게도 이해받지 못한다고 느끼고 있으니까요.

아테네의 행복 전도사 에피쿠로스는 행복한 삶을 위해 필요한 것은 좋은 집이나 연회, 권력과 명성 같은 것이 아니라 의식주와 죽음 등에 관한 사색, 자유, 마지막으로 우정을 이야기합니다. 인간의 지혜가 제공하는 것 중 가장 위대한 것이 바로 우정이라고 했을 정도로 그는 우정 예찬론자였습니다. 큰 재산으로도 얻을 수 없는 사랑과 존경을 베푸는 우정은 낡은 옷을 걸치고, 지저분한 몰골을 하고 있더라도 변하지 않기 때문이라는 에피쿠로스의 생각에서 우정은 공감의 다른 말이라는 생각을 해 봅니다. 부유한 뽀르뚜가가 가난하고 어린 제제에게 진실한 우정을 건넬 수 있었던 이유도 그가 처해 있는 상황에 대한 깊은 공감이 있었기 때문일 거예요. 마찬가지로 라임 오렌지 나무에게 제제가 모든 이야기를 털어놓을 수 있었던 까닭도 이 나무가 제제의 모든 슬픔과 기쁨에 공감해 주었기 때문이겠지요.

만약 제제에게 이 둘이 없었다면 어떤 일이 일어났을까요? 어쩌면 제제는 이유를 이해하지 못한 채 아버지에게 맞고 난 다음 정말 망가라치바에 뛰어들었을지도 모르죠. 자신이 아무 데도 쓸모가 없고 더 이상 매 맞는 것도 싫어서 죽음을 생각한다는 고백을 들어줄 뽀르뚜가가 없었다면, 그런 제제를 품에 안고 어린아이가 감당하기에는 너무나 큰 슬픔과 아픔에 공감해 준 뽀르뚜가가 없었다면 말입니다. 하지만 제제는 뽀르뚜가 덕분에 죽음을 결심한 날, 살아야 할 이유를 발견하게 됩니다. 자신을 인정해 주는 누군가, 자신의 존재를 필요로 하는 누군가로 인해 제제는 더 이상 쓸데없는 존재가 아니라는 사실을 깨달았기 때문입니다. 아무에게도 털어놓을 수 없는 이야기를 라임 오렌지 나무에게 들려주었던 것처럼 이제 제제는 뽀르뚜가에게 모든 것을 이야기할 수 있게 되었습니다. 뽀르뚜가는 이제 제제의 밍기뉴, 슈르르까인 라임 오렌지 나무가 되었습니다. 그런 까닭에 뽀르뚜가의 죽음은 제제에게 말할 수 없는 슬픔이었고, 환상의 세계에서 현실로 돌아오는 길목이 되었습니다. 라임 오렌지 나무가 꽃을 피우듯 더 이상 제제도 어린아이일 수는 없을 테니까요.

지금 우리들도 제제처럼 아이에서 어른이 되는 과정에 있습니다. 과연 우리는 어떤 어른이 될 수 있을까요? 호기심에 가득 찬 눈으로 세상을 바라보는 아이들을 향해 '조용히 해라, 철 좀 들어라'라는 말 대신 다소 불편하고 신경이 쓰이지만 세상이 그저 신기한 아이들의 눈에 맞춰 줄 수 있는 여유를 가진 뽀르뚜가 같은 어른이 되면 어떨까요?

하지만 가난한 아버지, 노동에 지친 어머니에게 순수한 마음으로 아이를 바라보라고 말하는 것은 어려운 일입니다. "나라고 이런 집에서 태어나고 싶었겠어요?"라는 항변이 제제와 병일이 모두에게서 들리는 듯합니다. 공간도, 시간도 다른 제제의 이야기를 읽으며 오늘의 병일이를 생각하는 까닭은 여전히 우리 사회가 빈곤의 문제에서 자유롭지 못하다는 뜻이겠지요. 그렇다면 우리는 어디에서부터 이 문제를 풀어야 할까요? 제제처럼 어느 날, 우연히 부유한 할아버지 뽀르뚜가가 '짠' 하고 나타나면 해결될까요? 뽀르뚜가의 갑작스런 죽음 이후, 제제의 삶은 또 어떻게 달라졌을까요? 그리고 지금 병일이를 도울 수 있는 방법에는 무엇이 있을까요? 이런 질문들이 꼬리를 물면서 함께 사는 세상을 고민하게 됩니다. 자신과는 무관한 사람들을 위해 돈과 시간, 마음을 쓰는 이들을 떠올려 보면 '넌 혼자가 아니야'라는 메시지를 그 안에 담고 있는 게 아닌가 싶습니다.

제제가 뽀르뚜가와 라임 오렌지 나무에서 위로를 찾았던 까닭은 그들이 제제의 어려움에 공감해 주었고, 제제가 슬픔을 이길 수 있도록 지지해 주었기 때문이겠지요.

그렇다면 병일이의 문제도 '네가 잘못한 게 아니야, 네가 참 힘들었겠구나'와 같은 공감에서 시작되어야 하지 않을까 생각합니다. 동정이나 연민과 달리 중립적인 태도로 상대방의 내면을 고스란히 느끼는 감정인 공감이야말로 병일이의 문제를 해결하는 출발점이 될 테니까요. '네가 그렇게 힘들어하는 것은 너무나 당연한 거야. 네가 잘못한 것은 아니야'라고 말해 주세요. 이 좌절과 분노를 이겨 낼 힘이 너에게도 있다는 인정과 지지를 받는다면 병일이도 세상 속으로 한 발짝 나올 용기를 얻을 수 있을 테니까요. 병일에게는 '이렇게 해 봐, 저렇게 하는 게 좋겠어. 나는 그때 말이야'와 같은 조언보다는 '힘들겠구나. 나도 힘들었어'와 같은 말이 필요할 테니까요.

정호승의 「슬픔이 기쁨에게」라는 시가 있습니다. '나는 이제 너에게도 슬픔을 주겠다'로 시작하는 이 시는 추운 겨울 거리에서 귤을 파는 할머니에게 귤 값을 깎고 타인의 죽음에 무관심한 사람들에게 슬픔이 건네는 말이지요. 자신의 기쁨만을 위해 사는 이들에게 슬픔은 받고 싶지 않은 마음일 수도 있습니다. 하지만 이 슬픔은 나의 것을 잃고 빼앗겨서 생기는 것이 아니라 그동안에 무관심했던 이들의 슬픔을 발견하는 일, 미처 알지 못했던 슬픔에 함께 마음 아파하는 일을 의미하는 것이겠지요. 그런 마음들이 모여 때로는 아픔을 도울 방법을 궁리하고 슬픔에 함께 연대하는 일도 가능한 것 아니겠어요.

마음 엿보기

공감

: 다른 사람의 감정이나 느낌이지만 자신도 비슷하게 느끼는 마음이다. 타인의 기쁨뿐 아니라 아픔이나 슬픔, 분노 등의 감정에도 공감할 수 있어야 한다.

존 콜리어, 〈고다이바 부인〉, 1898, 허버트 미술관

아름다운 여인이 나체로 말을 타고 밝은 낮에 거리에 나섰습니다. '도대체 이 여인은 어떤 잘못을 저질렀을까?'라는 생각이 먼저 듭니다. 하지만 그녀의 얼굴에는 수줍음만 있을 뿐 부끄러움이 느껴지지 않습니다. 또 거리에 나선 이 여인을 손가락질하는 사람들도 보이지 않습니다. 텅 비어 있는 계단 너머로 햇살이 비치는 아침이지만 문들은 모두 닫힌 채 고요하기만 합니다.

이 그림에는 11세기경 영국 코벤트리 영주의 부인인 고다이바와 관련이 있습니다. 남편인 영주 레오프릭의 과도한 세금 징수로 인해 농민들의 삶이 어려워지자 그녀는 농민들을 위해 남편에게 세금을 낮출 것을 호소했다고 합니다. 남편은 그런 그녀의 진심을 비웃었고 급기야 그녀가 도저히 할 수 없을 것 같은 제안을 했지요. 바로 실오라기 하나 걸치지 않은 채 말을 타고 마을을 한 바퀴 돌면 생각해 보겠다고 말입니다. 나체로 거리를 나서는 일은 매우 부끄러운 일입니다. 하지만 할 수 있는 일이 그것밖에 없다면 해야 한다고 생각했고, 그녀는 정말 발가벗은 몸으로 거리에 나섰지요.

그 이후 코벤트리는 어떻게 되었을까요?

농민들도 이 소식을 듣게 되었고, 고다이바가 마을을 도는 동안, 마을 사람 누구도 그녀의 몸을 보지 않기로 합니다. 그리고 난폭했던 영주 레오프릭도 이에 감동받아 세금을 낮추고 어려운 이들을 보살피는 삶을 살았다고 전해집니다.

전설 같은 고다이바의 숭고한 시위가 세상을 변하게 만든 것이지요.

고다이바의 행동 뒤에는 다른 사람의 고통에 대한 깊은 공감이 있었습니다. 농민들이 느낄 슬픔, 고통, 분노, 공포 등의 감정들에 대한 공감이 바로 고다이바를 움직이게 했던 것이지요.

이런 공감의 순간에 우리는 희망이라는 단어를 떠올리게 됩니다. 절망과 분노, 좌절과 슬픔 가운데 도무지 헤어 나올 수 없을 것 같은 현실에서 희망을 말하는 까닭은 바로 그 순간이 다시 일어서야만 하는 시간이기 때문이겠지요.

제제와 병일이의 슬픔을 개인의 슬픔만으로 이야기할 수는 없을 것 같습니다. 시간과 공간이 달라도 여전히 존재하는 빈곤의 문제는 한 개인의 고민만으로 해결될 수는 없을 테니까요. 제제처럼 기적 같은 뽀르뚜가를 만날 수 있다면 좋겠지만 현실에서 기적은 쉽게 찾아오지 않습니다.

그렇다면 기적이 찾아오기를 기다리는 것보다는 기적을 만들어 가면 어떨까요? 지금 내가 제제와 병일이처럼 분노와 좌절 속에 있지 않다면 더더욱 말이지요. 그리고 그 기적의 첫 출발선이 바로 공감의 마음일 것입니다. 이 마음이 당장의 문제를 해결할 수는 없을지라도 그 손길이 모아지면 기적처럼 병일에게도 뽀르뚜가 같은 이들이 생겨날 수 있으니까요.

우리가 꿈꾸는 희망이란 바로 이 작은 몸부림들이 모아지기를 바라는 것 아닐까요?

이 작은 몸부림들이 바로 고다이비아의 진실 어린 시위처럼 사람들의 마음을 움직여 주리라 믿으면서 말이지요.

글쓴이의 말

마음이 마음에게

'기쁨이, 슬픔이, 소심이, 버럭이, 까칠이'는 영화 〈인사이드 아웃〉에 등장하는 '라일라'의 다섯 감정이다. 라일라의 마음은 기쁨이의 노력에도 불구하고 다른 감정들이 치는 사고 때문에 한시도 편안하지 않다.

많은 사람들이 라일라의 이야기에 공감했던 이유는 무엇일까? 아마도 그것은 보이지 않는 감정들의 세상을 이야기해서가 아니라 영화에 등장하는 다섯 감정들의 갈등을 경험했거나 경험하고 있다고 느끼기 때문이지 아닐까? 어쩌면 지금 이 순간에도 말이다.

나의 십 대도 라일라와 별반 다르지 않았다. 고등학교에 입학하자마자 전학을 가게 된 열일곱의 내 마음은 슬픔이와 까칠이가 기쁨이와 다투던 시절이었다.

'우습게 보이면 안 돼! 나는 너희들이랑 달라! 나는 서울에서

왔다고!'

서울에서 전학 온 게 무슨 유세라고 서울에서 왔다는 이유로 무주의 작은 학교를 들어서며 마음에 날을 세웠다. 서울 친구들과 헤어졌다는 슬픔, 왠지 뒤처질 것 같은 불안감, 서울에서 왔다는 우월감 등이 얽힌 나의 열일곱은 복잡함 그 자체였다. 더구나 초등학교 때부터 서로를 알고 지낸 아이들 틈에서 나는 호기심의 대상이자 이방인이었다. 묻는 말에도 심드렁하게 대꾸하고 장난을 걸어오는 남자아이들을 향해 '꺼져!'라고 말하는 여드름투성이 여자아이는 곧 '재수 없는' 아이가 되었다.

돌이켜 보면 슬픔, 불안, 오만 등등의 감정들 뒤에 꼭꼭 숨어 있던 마음은 두려움이었다. '잘 지낼 수 있을까? 나를 받아줄까?' 하는 마음. 열일곱의 봄과 여름, 두 계절을 심하게 앓고 다행히 친구가 생겨 졸업까지 무사히 마쳤지만 그 두 계절 이후의 삶은 많이 달라졌다. 주변을 돌아볼 수 있게 되었고 또 말없이 앉아 있는 아이들을 좀 더 기다릴 수 있는 지금의 여유도 그때로부터 비롯됐다고 해도 과언은 아니다. 그날들을 지나 오늘의 나에게 도착하기까지 긴 시간을 보냈지만 여전히 그 시절의 마음들은 불쑥불쑥 고개를 내밀고 나에게 알은체를 한다. '외롭지? 무섭지?' 하고.

십수 년째 열일곱의 언저리를 맴도는 교사로 살며 아이들의 모습에서 과거의 나를 발견하는 일은 어렵지 않다. 친구, 부모, 선생과의 갈등, 미래에 대한 불안이나 사회에 대한 불만은 여전하기 때문이다. 하지만 우리는 왜 그런 마음이 드는지에 대해 깊이 고민하지 않는다. '그냥', '몰라'와 같은 말로 감정을 얼버무리거나 게임을 하거나 텔레비전 등을 보며 쉽게 잊으려 한다. 차곡차곡 쌓인 감정이 어느 날 폭발하기 전까지 말이다. 이 책을 통해 나는 이런 마음들은 절대 잘못된 것이 아니라는 이야기를 건네고 싶었다. 불안하고 무서워서 도망치고 싶은 날들은 소설 속 인물들에게도 있었고 바로 옆의 친구도 겪고 있는 일이다. 다만 서로 이야기하지 않을 뿐이다. 새롭게 만난 열일곱 아이들의 모습을 훔쳐보며 쓴 이 글들이 그때의 나처럼 말하지 못하고 끙끙 앓고 있을 마음에 조금 더 다가갈 수 있기를 바란다.

'마음을 알고 인정하면 무엇이 달라질 수 있을까?'라는 의문이 들 수는 있다. '알게 됐는데, 그래서 뭐 어쩌라고요.' 물론 그렇다. 각자 처한 현실이 나의 깨달음에 따라 달라질 리는 없다. 하지만 자신이 어떤 사람인가 알게 되는 일은 자신이 해야 할 일을 알려 줄 수는 있다. 자신의 부족함을 인정하고 다른 사람의 이야기에 귀 기울이게 하고 도움을 요청하게도 만들어 주기 때문이다. 더는 혼자 문제를 끌어안고 있지 않게 하고 '내가 이상한가 봐' 하는 자책도 줄여 준다. 가능하다면 이 책에서 소개하고 있는 소설과 그림들에서 내가 받았던 이런 위안들이 조금이나마 전해질 수 있었으면 좋겠다.

사실 이 책은 나 혼자만의 글은 아니다. 지역 맘 카페에서 만나 함께 세계문학을 읽어 나갔던 '리딩살롱' 엄마들의 이야기와 고민이 아니었다면 세상에 나올 수 없는 이야기들이었다. 뒤늦게라도 꿈을 찾아 피아노 연습을 이어가고 있는 혜란 언니와 유쾌한 정옥 언니, 아기띠와 유모차를 메고 끌고 나오던 열정적인 민주와 정애, 깊이 있는 고민으로 우리를 깨달음으로 이끌어 준 미정 씨에게 이 고마움을 전한다. 도무지 속을 알 수 없었던 흥덕고 1학년 모든 아이들에게 특별히 고맙다는 말을 전하고 싶다. 바짝 긴장한 얼굴, 서로에 대한 경계로 힘겨운 시간들을 보냈지만 끝내 서로의 차이를 인정하고 성장하고 또 견뎌 주었기 때문이다. 또 열일곱의 나를 버티게 해 준 정선이, 경연이와 다듬어지지 않은 원고를 반갑게 맞아 준 서유재의 김혜선 대표님에게 고마움을 전한다.

언젠가는 열일곱이 될 태준이와 태호를 상상하며
2016년 끝자락에
정수임

문학

『젊은 베르테르의 슬픔』, 요한 볼프강 폰 괴테, 1774(창비, 2012)

『데미안』, 헤르만 헤세, 1919(문학동네, 2013)

『호밀밭의 파수꾼』, 제롬 데이비드 샐린저, 1951(민음사, 2001)

『안나 카레니나』, 레프 니콜라예비치 톨스토이, 1877(문학동네, 2009)

『황금 물고기』, 르 클레지오, 1997(문학동네, 2014)

『이방인』, 알베르 카뮈, 1942(문학동네, 2013)

『달과 6펜스』, 서머싯 몸, 1919(민음사, 2015)

『빨간 머리 앤』, 루시 모드 몽고메리, 1908(허밍버드, 2014)

「변신」, 프란츠 카프카, 1915(민음사, 1998)

『카타리나 블룸의 잃어버린 명예』, 하인리히 뵐, 1974(민음사, 2008)

『동물농장』, 조지 오웰, 1945(문학동네, 2010)

『프랑켄슈타인』, 메리 셸리, 1818(문학동네, 2012)

『아Q정전』, 루쉰, 1921(창비, 2006)

『어린 왕자』, 앙투안 드 생 텍쥐페리, 1943(인디고, 2015)

『테스』, 토머스 하디, 1891(문학동네, 2014)

『위대한 개츠비』, 프랜시스 스콧 피츠제럴드, 1925(문학동네, 2009)

『톰 소여의 모험』, 마크 트웨인, 1876(문학동네, 2014)

『나의 라임 오렌지 나무』, 조제 마우로 데 바스콘셀로스, 1968(동녘, 2014)

(본문 수록순)

그림

〈서생과 처녀〉, 작자 미상, 19세기, 국립중앙박물관

〈저녁이 가면 아침이 오지만, 가슴은 무너지는구나〉, 월터 랭글리, 1894, 런던 버밍엄미술관

〈행복한 나라〉, 김덕기, 2008, 개인 소장

〈피그말리온과 갈라테이아〉, 장 레옹 제롬, 1882, 런던 브리지언아트라이브러리

〈황금 물고기〉, 파울 클레, 1925, 함부르크 아트센터

〈나의 욕망의 수수께끼〉, 살바도르 달리, 1929, 뮌헨 주립현대갤러리

〈달마도〉, 김명국, 1643, 국립중앙박물관

〈별이 빛나는 밤〉, 빈센트 반 고흐, 1889, 뉴욕 현대미술관

〈내 마음속의 디에고〉, 프리다 칼로, 1943, 멕시코 시티 겔만콜렉션

〈절망적인 남자〉, 귀스타프 쿠르베, 1844~1845, 개인 소장

〈교수대 위의 까치〉, 피테르 브뤼헐, 1568, 다름슈타트 헤센주립미술관

〈한국에서의 학살〉, 파블로 피카소, 1951, 파리 피카소미술관

〈잘못된 거울〉, 르네 마그리트, 1935, 개인 소장

〈아이의 목욕〉, 메리 스티븐슨 커샛, 1891~1892, 시카고 아트인스티튜트

〈장난, 상점 주인과 소녀〉, 노먼 록웰, 1948, 노먼 록웰 미술관

〈나르키소스〉, 미켈란젤로 메리시 다 카라바조, 1594~1596, 로마 국립고대미술관

〈봄의 어린이〉, 이중섭, 1953, 개인 소장

〈고다이바 부인〉, 존 콜리어, 1898, 허버트 미술관

(본문 수록순)

내 말 좀 들어줄래?

초판 1쇄 발행 2017년 1월 20일
초판 3쇄 발행 2018년 5월 10일

지은이 정수임
펴낸이 김혜선 **펴낸곳** 서유재 **등록** 제2015-000217호
주소 (우)04034 서울 마포구 잔다리로7길 18(서교동 377-20) 403호
전화 070-5135-1866 **팩스** 0505-116-1866 **대표메일** outdoorlamp@hanmail.net
종이 엔페이퍼 **인쇄** 성광인쇄

ISBN 979-11-957648-4-6 43100